Inhalt

D1618854

Fehler in der Rechtschreibung sagen natürlich nichts über den Menschen aus, der sie macht, aber ärgerlich sind sie doch. Wenn du zum Beispiel an Schulaufsätze oder Bewerbungsschreiben denkst, so weißt du sicher, dass auch die Rechtschreibleistung als ein Auswahlkriterium betrachtet wird. In der heutigen Zeit hat die Fähigkeit, Texte richtig schreiben zu können, immer noch einen hohen Stellenwert, und nicht umsonst wird deshalb in der Schule sehr viel Zeit und Energie darauf verwandt. Schon beim Schreibenlernen in der ersten Klasse richten wir uns nach der Rechtschreibung, die übrigens auch als „Orthographie" bezeichnet wird (das Wort kommt aus der griechischen Sprache, in der „orthográphos" so viel wie „richtig schreibend" bedeutet). In den folgenden Klassen werden die Rechtschreib-Kenntnisse immer weiter ausgebaut, so dass du beim Verlassen der Schule nur noch wenige Fehler machen solltest.

Für wie wichtig die Rechtschreibung gehalten wird, ließ sich auch gut an den Diskussionen verfolgen, die geführt wurden, als die deutsche Rechtschreibung 1996 reformiert wurde. Außerdem kann man die Wichtigkeit der Beherrschung der Rechtschreibung gut ablesen an der Vielzahl der Bücher, Tests und Trainingsprogramme, die man kaufen kann und die auf allen Schwierigkeitsgraden die entsprechenden Kenntnisse vermitteln sollen.

Auch der Studienkreis hat zur Rechtschreibung schon viele DEUTSCH HELFER veröffentlicht. Zwar werden in diesen HELFERn auch die wichtigsten Regeln für das richtige Schreiben erklärt, der Schwerpunkt liegt aber auf den Übungen. Die HELFER sind überwiegend dafür gemacht, dass man in ihnen Aufgaben löst, in ihnen schreibt und praktisch arbeitet.

Der vorliegende HELFER „Regelheft Rechtschreiben Klassen 5 bis 10" soll hingegen kein Übungsheft sein, sondern ein Nachschlagewerk, das heißt also: Ist man sich unsicher in der Schreibung und vermag man das Problem auch nicht mit einem Wörterbuch zu lösen, so kann man die Regeln nachschlagen und lernen – und wird auf diese Weise immer sicherer in der Rechtschreibung.

Natürlich sind in diesem Regelheft nicht alle Regeln enthalten, die für die deutsche Rechtschreibung gelten. Es gibt Bestimmungen, die so selten auftreten, dass du damit nicht unnötig belastet werden sollst. Auf jeden Fall ist es ausreichend, wenn du den Inhalt dieses Heftes parat hast!

Nützliche Informationen zur Rechtschreibung

Du hast bestimmt schon von der am 1. Juli 1996 in Kraft getretenen Rechtschreibreform gehört. Deshalb nur ein paar Sätze dazu: Die Rechtschreibreform, die im November 1994 auf der so genannten Wiener Orthographiekon-
ferenz beschlossen wurde, ersetzt die seit 1902 geltenden Rechtschreibregeln.
Fachleute und Vertreter der zuständigen staatlichen Stellen aus allen deutsch-
sprachigen Ländern haben sich auf die Neuregelung nach jahrelangen wis-
senschaftlichen Vorarbeiten verständigt. Danach ging sie in Deutschland, in
Österreich und in der Schweiz durch die politischen Entscheidungsinstanzen
und wurde vertraglich vereinbart. Ziel dieser Rechtschreibreform war die Ver-
einfachung und Verbesserung der bestehenden Rechtschreibregeln, außerdem die Abschaffung einer Menge von Ausnahmen und Besonderheiten.

Es ist sicher richtig, wenn man sagt, dass die deutsche Sprache im Vergleich
zu vielen anderen Sprachen relativ einfach zu schreiben ist. Wenn du Englisch
oder Französisch schon gelernt hast, kannst du das vielleicht selbst bestäti-
gen! In der deutschen Rechtschreibung hilft jedenfalls schon sehr oft ein deutliches Sprechen. Manchmal kannst du die Schreibung auch hören, wenn du
das Wort langsam sprichst und die einzelnen Silben betonst. Eine weitere
Möglichkeit, sich die richtige Schreibweise zu erschließen, besteht in der Ver-
längerung: Willst du zum Beispiel wissen, ob sich „der Stab" oder „sie bleibt"
mit „p" oder mit „b" schreibt, so kannst du zu „die Stäbe" bzw. „sie bleiben"
verlängern, und schon weißt du, dass man beide Worte mit „b" schreibt.

Warum sprechen Fachleute eigentlich davon, dass die deutsche Rechtschreibung vergleichsweise gut geregelt sei? Meistens wird dafür als Grund
genannt, dass sie im Wesentlichen drei allgemeinen Prinzipien folge, und zwar
dem **Lautprinzip**, dem **Stammprinzip** und dem **Differenzprinzip**.

Das Lautprinzip

Es besagt, dass die Wörter im Großen und Ganzen so geschrieben werden,
wie man sie spricht. Man nimmt ein gesprochenes Wort mit dem Ohr wahr
und hört, wie es **lautet**. Will man es aufschreiben, benutzt man dazu die entsprechenden Buchstaben oder zum Teil auch Buchstabenverbindungen, die
den Sprachlauten zugeordnet sind. Zwar gibt es nicht immer ein genaues Ver-
hältnis von 1:1 zwischen Sprachlaut und Buchstabe, aber die Möglichkeiten,
die man hat, sind ziemlich begrenzt.

▼ Will man den Laut /o/ wie in dem Wort „Not" mit einem Buchstaben
oder einer Buchstabenverbindung wiedergeben, gibt es drei Möglichkeiten, nämlich entweder die Schreibung mit <o> (wie in „Not")
oder aber <oo> (wie in „Boot") oder <oh> (wie in „ohne").
Will man den Laut /l/ wiedergeben, gibt es mit <l> (wie in „liegen")
und <ll> (wie in „will") nur zwei Möglichkeiten.

Das Stammprinzip

Es besagt, dass derselbe Wortstamm in verschiedenen Wörtern oder Wortformen gleich geschrieben wird. Dies gilt natürlich auch für veränderliche
Wortstämme, zum Beispiel bei unregelmäßigen Verben (Tuwörtern). So kann
man also die Schreibung eines Wortes aus verwandten Formen ableiten.

▼ -bohr-:	**bohr**en, (der) **Bohr**er, (er) **bohr**te, (das) **Bohr**loch, ver**bohr**t	
-freu-:	**freu**en, (die) **Freu**de, **freu**dlos, (sie) **freu**te (sich), er**freu**en	
-hand-:	(die) **Hand**, **hand**haben, **hand**lich,	
	(die) **Händ**e, **händ**eringend, be**händ**e	
-kenn-:	**kenn**en, (die) **Kennt**nis,	
	(sie) **kann**te, (die) Be**kann**tschaft, be**kann**tlich	
-reit-:	**reit**en, (die) **Reit**erin, (der) **Reit**stiefel,	
	(er) **ritt**, (der) **Ritt**, (der) **Ritt**er	
-schnauz-:	(die) **Schnauz**e, an**schnauz**en,	
	schnäuzen, (das) **Schnäuz**chen	

Das Differenzprinzip

Es besagt, dass oftmals Wörter, die gleich ausgesprochen werden, aber unterschiedliche Bedeutungen tragen, verschieden geschrieben werden, damit man sie besser unterscheiden kann.

▼ Vetter – fetter: der **Vetter** = Cousin; **fetter** = Steigerung von fett

Meer – mehr: das **Meer** = Ozean; **mehr** = Steigerung von gut

Stiel – Stil: der **Stiel** = Stängel; der **Stil** = Ausdruck

viel – fiel: **viel** = reichlich; **fiel** = Personalform von fallen

Wal – Wahl: der **Wal** = Meeressäugetier; die **Wahl** = Abstimmung

Natürlich kennst du andererseits auch Bereiche, in denen die deutsche Rechtschreibung schwieriger ist als etwa die in Englisch oder Französisch. So fällt dir sicherlich die Großschreibung ein, die es in diesen beiden Sprachen praktisch nicht gibt, wenn man die Schreibung von Eigennamen nicht mit berücksichtigt. Auch die Probleme mit der Getrennt- und Zusammenschreibung, die wir im Deutschen, nicht aber im Englischen oder Französischen haben, wirst du vielleicht nennen. In solchen Fällen musst du ganz einfach daran denken, dass wir im Deutschen dafür solche Schreibungen wie im englischen Wort „tough" (sprich: taf) oder im französischen Wort „eaux" (sprich: oh) nicht kennen!

Arbeit mit dem Wörterbuch

Natürlich hast du schon längst mit einem Wörterbuch gearbeitet, und dies wahrscheinlich nicht nur, wenn du etwas für die Schule schreiben wolltest, sondern auch für private Zwecke.

Vielleicht weißt du auch, dass man zwischen einem Wörterbuch und einem Lexikon unterscheidet: Im Wörterbuch findet man die Wörter einer Sprache aufgeführt und bekommt ihre Schreibung gezeigt, während ein Lexikon ein Nachschlagewerk ist, das dem Leser die Bedeutung des Wortes erklärt und ihm weitere Informationen liefert.

Wenn du also in einem Wörterbuch unter dem Wort „China" nachliest, weißt du, wie man es schreiben muss, und wenn du unter diesem Wort in einem Lexikon nachschlägst, erfährst du etwas über die Geschichte dieses Landes, über seine Einwohner, sein Klima, seine geographische Lage, seine größten Städte usw.

Wenn man in der Rechtschreibung eines bestimmten Wortes nicht ganz sicher ist, benutzt man also in der Regel ein Wörterbuch. Zu beachten ist Folgendes:

Ein Wörterbuch ist **alphabetisch** geordnet.
So lässt man sich zunächst von dem **Erstbuchstaben** eines gesuchten Wortes leiten, dann von dem **Zweitbuchstaben**, dem **Drittbuchstaben** usw.
Wichtig: Die Vokale „ä", „äu", „ö" und „ü" werden im Alphabet wie „a", „au", „o" und „u" behandelt, der Buchstabe „ß" wie „ss".

> ▼ Salto … schade … Scrabble …; Söckchen … Socke
> Tausch, tauschen, täuschen; massieren, massig, mäßig, mäßigen

Verben (Tuwörter) stehen im **Infinitiv** (in der Grundform).
Nicht das Wort „spielst", das in dem Satz „Du spielst mit mir Karten" vorkommt, sucht man also im Wörterbuch, sondern den Infinitiv „spielen".

> ▼ spielst → spielen, stieg → steigen, getanzt → tanzen, saß → sitzen

Nomen (Namenwörter) stehen in der Regel im **Singular** (in der Einzahl).

> ▼ Kameras → Kamera, Bäume → Baum, Kinder → Kind

Adjektive (Wiewörter) stehen im **Positiv** (in der Grundstufe).

> ▼ jünger → jung, am schnellsten → schnell, größer → groß

Ein Wörterbuch gibt noch andere nützliche Informationen zu den einzelnen Wörtern, die man nachschlägt. So stehen hinter einem Nomen (Namenwort) die folgenden Angaben:

Artikel (Begleiter), der Genitiv (2. Fall) im Singular (in der Einzahl), der Plural (die Mehrzahl) im Nominativ (1. Fall) sowie manchmal etwas zur Herkunft.

```
              femininum
                  |
  ▼  O|per, die; -, -n (ital.) —— Herkunft
         |       /      \
      Genitiv    Plural
    Trennung
```

Wenn du diesen Eintrag liest, erfährst du also, dass das Wort „Oper" aus dem Italienischen kommt und dass es femininum (weiblich) ist. Da der waagerechte Strich das unveränderte Stichwort ersetzt, weißt du auch, dass der Genitiv im Singular „(die Sängerin) der Oper" lautet und dass schließlich der Plural von „die Oper" „die Opern" heißt.
Eine weitere wichtige Information zum Suchwort ist die Silbentrennung. Sie wird durch einen senkrechten Strich im Wort angezeigt.

Tipp: Blättere einmal ausgiebig in einem Wörterbuch herum, damit du dich selbst davon überzeugen kannst, wie hilfreich ein solches Buch sein kann! Schau dir dabei nicht nur das eigentliche Wörterverzeichnis an, sondern auch die Informationen davor und danach!

Groß- und Kleinschreibung

Großschreibung

Die Großschreibung gehört zu den besonderen Schwierigkeiten, aber auch zu den besonderen Merkmalen der deutschen Schriftsprache. Abgesehen von der Zeichensetzung werden in diesem Bereich der deutschen Orthographie die meisten Fehler gemacht, und das, obwohl es doch eine auf dem ersten Blick recht einfach erscheinende Grundregel gibt. Die besagt nämlich, dass Satzanfänge, Nomen/Substantive (Namenwörter, Hauptwörter) und Eigennamen mit großem Anfangsbuchstaben geschrieben werden, während Wörter aller anderen Wortarten im Satz kleingeschrieben werden. Das Problem liegt offenbar darin, dass nicht immer klar zu erkennen ist, ob ein Satzanfang, ein Nomen oder ein Eigenname vorliegt.

Großschreibung von Satzanfängen

Großgeschrieben werden Satzanfänge, außerdem das erste Wort einer Überschrift, eines Buchtitels, einer Zeitschrift oder eines Zeitungsnamens, einer Anschrift oder einer Grußformel, eines Gesetzes, Vertrages o. Ä. Diese Regel gilt auch, wenn der Satz einem Doppelpunkt folgt, also auch bei wörtlicher Rede.

> ▼ Gestern war ein schöner Tag.
> Das Buch „Der Zauberberg" schrieb Thomas Mann.
> Herrn Harald Müller, Dorfstraße 10 ... – Sehr geehrte Frau Dr. Schulz!
> Nicht vergessen: Morgen fällt die Schule aus!
> Susi fragt: „Kennst du schon die neue CD von ‚Ha'?" (Wörtliche Rede!)

Großschreibung von Eigennamen

Großgeschriebene Eigennamen können ganz „einfache" Namen sein wie „Thorsten" oder „Susanne", Städtenamen wie „Hamburg" oder „München", Straßennamen wie „Schmiedestraße" u. Ä. Es gibt aber auch mehrteilige Eigennamen und feste Wortverbindungen, in denen ein Adjektiv enthalten ist, und dieses wird ebenfalls großgeschrieben. Siehe dazu auch S. 15.

> ▼ Vereinigte Staaten von Amerika, Zweiter Weltkrieg, Heiliger Abend, Totes Meer, Erster Mai, Katharina die Große, Sächsische Schweiz, Stiller Ozean, die Grünen, Vereinte Nationen, Roter Milan

Eigennamen auf „-er" und „-isch"

Unter Eigennamen fallen auch geographische Namensadjektive (Wiewörter).
Die auf „-er" werden großgeschrieben und die auf „-isch" kleingeschrieben.

▼ der Köln**er** Dom – die köln**isch**e Gastlichkeit
die Münchn**er** S-Bahn – das münchner**isch**e Stadtbild
die Berlin**er** Luft – die berliner**isch**e Sprechweise
der Hamburg**er** Hafen – das hamburg**isch**e Volksfest

Ableitungen von Eigennamen mit und ohne Apostroph (Auslassungszeichen)

Ableitungen **mit** Apostroph schreibt man groß, Ableitungen **ohne** Apostroph
werden hingegen kleingeschrieben.

▼ die **G**oethe'schen Romane – die **g**oetheschen Romane
die **S**chiller'schen Dramen – die **s**chillerschen Dramen
die **G**rimm'schen Märchen – die **g**rimmschen Märchen

Großschreibung von Nomen/Substantiven (Namenwörtern)

Alle Nomen werden großgeschrieben: „Auto", „Glas", „Bücherregal", „Wurm",
„Tür", „Internet", „Harmonie", „Gabel" usw. Man erkennt ein Nomen daran,
dass es einen Begleiter bei sich hat oder zumindest bei sich haben kann.
Der Begleiter kann zum Beispiel ein (1) **bestimmter** oder (2) **unbestimmter**
Artikel (Begleiter), ein (3) **Pronomen** (Fürwort), ein (4) **Numerale** (Zahlwort)
bzw. Zahladjektiv (…wiewort) oder ein (5) **Adjektiv** (Wiewort) sein.
Tipp: Artikel können sich in Präpositionen (Verhältniswörtern) „verstecken".

▼ (1) **die** Harmonie, **im** (→ in **dem**) Internet, **zur** (→ zu **der**) Tür

(2) **eine** Gabel; (3) **mein** Glas

(4) **zwei** Würmer, **viele** Bücherregale

(5) **kleine** Autos

Nomen auf bestimmte Endungen

Ziemlich einfach lassen sich Nomen erkennen, die auf ein entsprechendes
Suffix (Endung) enden. Die Endungen „-keit", „-heit", „-ung", „-nis", „-schaft"
und „-tum" lassen immer auf ein Nomen schließen.

▼ -keit: (die) Heiter**keit**   -heit: (die) Rau**heit**
-ung: (die) Ordn**ung**   -nis: (das) Erleb**nis**
-schaft: (die) Eigen**schaft** -tum: (das) Heilig**tum**

Zeitangaben

Zeitangaben, die aus einem (1) Nomen (Namenwort) bestehen, also einen Begleiter haben können, schreibt man groß; ebenso (2) Nomen, die auf ein Zeitadverb (Umstandswort der Zeit) folgen.

▼ (1) der Morgen, am (→ an dem) Vormittag, über Mittag,
   jeden Nachmittag, dieser Abend, in der Nacht, letzten Sonntag

   (2) heute Morgen, (vor)gestern Abend, (über)morgen Mittag

Großschreibung von Nomen (Namenwörtern) aus anderen Wortarten

Schwierig ist es, wenn Wörter anderer Wortarten zu Nomen gemacht werden. Wenn dies zum Beispiel bei Verben (Tuwörtern), Adjektiven (Wiewörtern), Numeralien (Zahlwörtern) oder Pronomen (Fürwörtern) der Fall ist, so werden auch sie großgeschrieben. Wir nennen diese Art der Bildung von Nomen bzw. Substantiven Nominalisierung bzw. Substantivierung anderer Wortarten.

Nomen aus Verben (Tuwörtern)

Man erkennt ein nominalisiertes Verb daran, dass es einen Begleiter bei sich hat oder bei sich haben kann. Der Begleiter kann ein (1) **Artikel** (Begleiter), (2) eine **Präposition** (ein Verhältniswort), (3) ein **Pronomen** (Fürwort) oder ein (4) **dekliniertes Adjektiv** (gebeugtes Wiewort) sein.

▼ (1) lachen: Herr Müller hält **(das) Lachen** für die beste Medizin.
   räuspern: Nach **einem Räuspern** begann Kathrin ihren Vortrag.

   (2) stricken: Oma hatte immer Freude **am (→ an dem) Stricken**.

   (3) reden: Hugo ist eine Quasselstrippe, **sein Reden** stört mich.

   (4) hören: Jana erklärt ihre vielen Diktatfehler mit **schlechtem Hören**.

Nomen aus Partizipien (Mittelwörtern)

Für die Nominalisierung eines Partizips gilt dasselbe wie für die eines Verbs (Tuworts). Siehe oben „Nomen aus Verben".
Es lässt sich sowohl (1) das Partizip Präsens (Mittelwort der Gegenwart) als auch (2) das Partizip Perfekt (Mittelwort der Vergangenheit) nominalisieren.

▼ (1) nachstehen → nachstehend: Lies **das Nachstehende**!

   (2) einmachen → eingemacht:
      Jetzt geht's **ans (→ an das) Eingemachte**!
      basteln → gebastelt: Eva verschenkt nur **Gebasteltes**.

Nomen aus Adjektiven (Wiewörtern)

Man erkennt ein nominalisiertes Adjektiv daran, dass es einen (1) Begleiter
bei sich hat oder bei sich haben kann. Siehe auch „Nomen aus Verben", S. 14.
Außerdem deuten häufig (2) Mengenwörter auf die Nominalisierung hin.

▼ (1) gut, besser, am besten: Es ist **das Beste**, wenn du jetzt kommst.
  frei: Ben spielt Fußball lieber **im** (→ **in dem**) **Freien** als in der Halle.
  klein: Saskia mag es nicht, wenn Mutti sie „**meine Kleine**" nennt.

(2) gut: Wir wünschen euch **alles Gute**.
  brauchbar: Beim Schlussverkauf fand ich **nichts Brauchbares**.
  Mengenwörter: allerlei, einiges, etwas, genug, manches, viel, wenig …

Adjektive (Wiewörter) in unveränderlichen Wortpaaren und festen Verbindungen

Adjektive werden (1) in unveränderlichen Wortpaaren großgeschrieben.
Dies gilt auch für (2) feste Verbindungen, wenn vor ihnen ein Artikel (Begleiter)
steht oder dieser Artikel mit in eine Präposition (in ein Verhältniswort) ein-
bezogen ist.

▼ (1) Alt und Jung, Arm und Reich, Groß und Klein

(2) im (→ in dem) Allgemeinen, im Besonderen, im Einzelnen,
  bis ins (→ in das) Einzelne, fürs (→ für das) Erste,
  zum (→ zu dem) Ersten, das Folgende, im Folgenden, im Ganzen,
  sich im Klaren sein, bis ins Kleinste, den Kürzeren ziehen,
  des Näheren, aufs (→ auf das) Neue, des Weiteren, im Weiteren,
  im Wesentlichen

Nomen aus Numeralien (Zahlwörtern)

Man erkennt ein nominalisiertes Numerale daran, dass es einen Begleiter
bei sich hat oder bei sich haben kann. Siehe auch „Nomen aus Verben", S. 14.

▼ Timo kennt die Zahlen von **eins** bis zehn. – Jana schrieb **eine Eins**.
Die **ersten** Läufer sind schon da. –
Li kommt **am** (→ **an dem**) **Ersten** des Monats.
Kathrin hat den **dritten** Platz belegt. – Max kommt **als Dritter** ans Ziel.

Nomen aus Pronomen (Fürwörtern)

Man erkennt ein nominalisiertes Pronomen daran, dass es einen Begleiter
bei sich hat oder bei sich haben kann. Siehe auch „Nomen aus Verben", S. 14.

▼ Ich oder **du**, einer wird gewinnen. – Mama bot Frau Müller **das Du** an.
Dana möchte **etwas** essen. – Peters Freundin hat **das gewisse Etwas**.

Nomen aus Adverbien (Umstandswörtern)

Man erkennt ein nominalisiertes Adverb daran, dass es einen Begleiter
bei sich hat oder bei sich haben kann. Siehe auch „Nomen aus Verben", S. 14.

▼ Tim hat **hier** und **heute** keine Lust. – Eric denkt an **das Hier** und **Heute**.
Opa fliegt **morgen** in die USA. – Für die Fleißigen gibt es **kein Morgen**.

Nomen aus Präpositionen (Verhältniswörtern)

Man erkennt eine nominalisierte Präposition daran, dass sie einen Begleiter
bei sich hat oder bei sich haben kann. Siehe auch „Nomen aus Verben", S. 14.

▼ Was spricht **für** und **wider** die Neue? – Urs wägt **das Für** und **Wider** ab.
Das Brett rutschte **aus** dem Stapel. – Der Ball rollte **ins** (→ **in das**) **Aus**.

Nomen aus Konjunktionen (Bindewörtern)

Man erkennt eine nominalisierte Konjunktion daran, dass sie einen Begleiter
bei sich hat oder bei sich haben kann. Siehe auch „Nomen aus Verben", S. 14.

▼ wenn, aber: Da gibt es **kein Wenn** und **kein Aber**!
wie, dass: Es kommt nur auf **das Dass** an, nicht auf **das Wie**!

Großschreibung von Nomen (Namenwörtern) aus anderen Sprachen

Nomen, die in der Herkunftssprache kleingeschrieben werden, schreibt man
im Deutschen groß. Vergleiche „Großschreibung von Nomen", S. 13.

▼ das Center, der Computer, der Drink, die Garage, das Restaurant

Großschreibung von Nomen (Namenwörtern) in festen Wendungen

Nomen, die in festen Wendungen auftreten, schreibt man groß. Vergleiche auch „Adjektive in Verbindung mit ‚sein' …", S. 20.

- ▼ Recht haben/behalten/bekommen/sprechen, Rad/Auto … fahren, Ski/Eis/Gefahr laufen, Kopf/Schlange stehen, Leid tun, Diät leben, Maschine schreiben, Ernst machen, Folge leisten, Pleite gehen; jemandem Angst und Bange machen, auf etwas Wert legen, außer Acht lassen, in Betracht kommen, in Kauf nehmen, im Gange sein; in Bezug auf etwas, auf Abruf, zu Händen von

Großschreibung von Zusammensetzungen mit Bindestrich

Nomen (Namenwörter) werden natürlich immer großgeschrieben, aber auch das erste Wort am Anfang der Zusammensetzung mit Bindestrich.

- ▼ die **Erste**-Hilfe-Ausrüstung, der **Trimm**-dich-Pfad, der **Full**-Time-Job, die **X**-Beine, die **S**-Kurve, das **Make**-up, das **Know**-how

Großschreibung von Zahlsubstantiven (…namenwörtern)

Zahlsubstantive schreibt man groß. Vergleiche aber dazu „Kleinschreibung von unbestimmten Numeralien", S. 19.

- ▼ einige Tausend, ein Dutzend, das/ein Paar (Schuhe …)

Großschreibung der Anredepronomen (…fürwörter) „Sie" und „Ihr"

Wenn man jemanden siezt, werden die Höflichkeitsanrede „Sie" und „Ihr" sowie die dazugehörigen flektierten (gebeugten) Formen großgeschrieben.

- ▼ Wenn **Sie** wollen, zeige ich **Ihnen** sofort **Ihr** Zimmer.

Kleinschreibung

Mit Ausnahme der Nomen (Namenwörter) werden die Wörter aller Wortarten kleingeschrieben – jedenfalls in der Regel, denn du weißt ja andererseits, dass zum Beispiel am Satzanfang (vgl. S. 12) alle Wörter egal welcher Wortart großgeschrieben werden. Auch in Eigennamen (vgl. S. 12) oder feststehenden Wendungen (vgl. S. 15) werden bestimmte Adjektive (Wiewörter) großgeschrieben. Trotzdem existieren Fälle der Kleinschreibung, in denen viele Fehler gemacht werden. **Tipp:** Schlage im Zweifelsfall im Wörterbuch nach!

Kleinschreibung des Begleitsatzes nach wörtlicher Rede

Wenn man beim Gebrauch der wörtlichen Rede einen Begleitsatz benutzt, so schreibt man den Anfang klein – egal, ob er der wörtlichen Rede nachgestellt (1) oder eingeschoben (2) ist. Vergleiche auch „Großschreibung von Satzanfängen", S. 12.

▼ (1) „Kommst du mit zur Party?", **fragte** mich Denise.
„Wartet auf meine Schwester!", **rief** uns Achim zu.
„Ich habe kein Glück beim Lotto", **beklagt** sich Udo.

(2) „Morgen räume ich auf", **verspricht** Sarah, „und zwar gründlich."
„Fang schon mal an!", **rief** Gerd, „ich komme gleich."
„Was hast du gesagt?", **fragte** Simone, „die Musik ist so laut."

Kleinschreibung von Adjektiven (Wiewörtern) ohne Nomen (Namenwort) – auch nach Artikeln (Begleitern)

Adjektive, die nicht vor einem Nomen, aber hinter einem Artikel stehen, werden kleingeschrieben, wenn sie auf ein vorangehendes oder nachfolgendes Nomen zu beziehen sind. Vergleiche dazu „Nomen aus Adjektiven", S. 15.
Tipp: Denk dir hinter dem Adjektiv das Nomen (hier in Klammern) dazu.

▼ Ich freue mich über meine neuen Freunde, aber ich werde deshalb die **alten** (Freunde) nicht vergessen.
Jetzt erzählt Opa das **schlimmste** (Abenteuer) seiner vielen Abenteuer.
Lange Reisen mag ich besonders; die **kürzeren** (Reisen) entspannen mich nicht so gut wie die **längeren** (Reisen).

Kleinschreibung von Superlativ-Fügungen (Fügungen der Höchststufe)

Klein schreibt man bei der Steigerung von Adjektiven (Wiewörtern) diejenigen Superlativ-Fügungen, nach denen man mit „wie?" fragen kann.
Aber: Muss man die Frage anders, etwa mit „woran?", „an was?" oder „auf was?" formulieren, schreibt man den Superlativ groß.

▼ Gestern war es **am schönsten**, vor allem weil Carsten Zeit hatte.
(Frage: **Wie** war es?)
Pit ist wegen seiner schwachen Konstitution **auf das Beste** angewiesen.
(Frage: **Auf was** ist er angewiesen?)
Es fehlt ihnen **am Notwendigsten**, zum Beispiel an Zucker.
(Frage: **An was** fehlt es ihnen?)

Kleinschreibung von Pronomen (Fürwörtern)

Klein schreibt man im Regelfall Pronomen, auch wenn sie als Stellvertreter für Nomen (Namenwörter) gebraucht werden.

▼ Ich glaube, dass **einer** von den beiden Jungen das Spiel verliert.
Hallo, ihr **beiden**! Hat **jemand** meinen Ball gesehen?
Meine Großmutter möchte **alle** wiedersehen.

Pronomen: mancher/manche/manches, jener/jene/jenes, jemand, einer/eine/eines, einige, jeder/jede/jedes, alle/alles/allen, beide/beides/beiden, keiner/keine/keines, etwas

Du bist mein Ein und Alles. Willst du auf immer und ewig die Meinige werden?

Mein Herr! Ich strebe etwas ganz Anderes an.

Hoffentlich muss ich so was nie schreiben. Ich dachte, solche Pronomen und Zahlwörter werden kleingeschrieben?!

Ja, normalerweise! Nur in diesen beiden besonderen Fällen nicht. Und „Meinige" kannst du sogar auch kleinschreiben.

Wie man so'n Mist schreibt, ist mir egal. Das Sprechen ist schlimm genug …

Kleinschreibung von unbestimmten Numeralien (Zahlwörtern)

Immer kleingeschrieben werden Zahladjektive (…wiewörter). Vergleiche „Großschreibung von Zahlsubstantiven", S. 17, und auch „Kleinschreibung von Adjektiven …", S. 18.

▼ Die **einen** kommen morgen, die **anderen** übermorgen.
Das **wenige**, das ich habe, spielt keine Rolle.
Diesen Trick haben schon **viele** ausprobiert.
Die **meisten** (← Bezug) dieser Handballspieler kennt Chris gut.

Wichtig: Als unbestimmte Numeralien gelten auch:
ein bisschen (= ein wenig), ein paar (= einige).
Beide kommen aus der Wortart der Nomen (Namenwörter):
ein bisschen (← Biss/en), ein paar (← Paar)

Denominalisierung (= Aus einem Namenwort wird eine andere Wortart)

Es gibt Wörter, die aus der Wortart der Nomen/Substantive (Namenwörter) in andere Wortarten übergetreten sind und daher kleingeschrieben werden. Dies nennt man Denominalisierung bzw. Desubstantivierung.
Ein denominalisiertes Wort kann eine neue Endung haben oder der Form des Nomens entsprechen.

Adverbien (Umstandswörter) auf „-s" und „-ens"

Aus Nomen (Namenwörtern) können Adverbien auf „-s" und „-ens" werden, diese Adverbien werden kleingeschrieben. (Vgl. auch „Zeitangaben", S. 14.)

▼ rechtens (← Recht), hungers (← Hunger);
abends (← Abend), morgens (← Morgen), freitags (← Freitag),
anfangs (← Anfang), nachts (← Nacht)
Aber: eines Abends, des Abends; eines Nachts, des Nachts

Präpositionen (Verhältniswörter) auf „-s" und „-ens"

Aus Nomen (Namenwörtern) können Präpositionen auf „-s" und „-ens" werden, diese Präpositionen werden kleingeschrieben.

▼ angesichts (← Angesicht), abseits (← Seite), mangels (← Mangel),
mittels (← Mittel), seitens (← Seite)

Konjunktionen (Bindewörter) auf „-s" und „-ens"

Aus Nomen (Namenwörtern) können Konjunktionen auf „-s" und „-ens" werden, diese Konjunktionen werden kleingeschrieben.

▼ falls (← Fall), teils … teils (← Teil)

Adjektive (Wiewörter) in Verbindung mit „sein", „bleiben" und „werden"

Klein schreibt man folgende Wörter, wenn sie als Adjektive gebraucht werden:
angst (← die Angst), bange (← die Bange), ernst (← der Ernst), gram
(← der Gram), leid (← das Leid), pleite (← die Pleite), recht (← das Recht),
schuld (← die Schuld), unrecht (← das Unrecht), wert (← der Wert)

▼ Mir **wird angst** und **bange**! – Die Situation **bleibt ernst**.
Ich **bin** dein Nörgeln **leid**! – Julia **ist** an der ganzen Sache **schuld**.
Es **ist** Kim **recht**, dass wir uns morgen treffen.
Aber: Kim **hat Recht**, dass wir uns morgen treffen.

Präpositionen (Verhältniswörter)

Folgende Wörter, die aus Nomen (Namenwörtern) gebildet worden sind,
werden kleingeschrieben, wenn sie als Präpositionen gebraucht werden:
dank (← der Dank), kraft (← die Kraft), laut (← der Laut), statt (← die Stätte),
trotz (← der Trotz), zeit (← die Zeit)

▼ Kevin verstand die Aufgabe nur **dank** seiner Freunde.
Das Wetter wird morgen **laut** Vorhersage schlechter werden.
Julia lief **trotz** ihrer Krankheit in der 100-m-Staffel mit.
Meine Großeltern waren **zeit** ihres Lebens dankbar für ihre Gesundheit.

Kleinschreibung der Anredepronomen (...fürwörter) „du", „dein", „ihr", „euer"

Im Gegensatz zu den in der Höflichkeitsanrede gebrauchten Pronomen
„Sie" und „Ihr" (vergleiche S. 17) werden die vertraulichen Anredepronomen
„du", „dein", „ihr" und „euer" sowie die dazugehörigen Flexionsformen
(gebeugten Formen) immer kleingeschrieben.
Tipp: Das Reflexivpronomen (rückbezügliche Fürwort) „sich" schreibt man
ebenfalls klein.

▼ Wenn **du** willst, kannst **du deine** Jacke hier aufhängen!
Liebe Nora, ich danke **dir** für alles, ich werde **dich** vermissen! (Brief!)
Warum habt **ihr** mir **eure** Spielregeln nicht genannt?
Ihr Lieben! Habt **ihr euch** erkundigt, wann **euer** Flieger landet? (Brief!)

Schreibung der Vokale (Selbstlaute)

Unter einem Vokal, für den du auch die Bezeichnung „Selbstlaut" kennst, versteht man einen stimmhaften Laut, der ohne Zuhilfenahme eines anderen Lautes gesprochen werden kann. Wir unterscheiden die Vokale daher von den so genannten Konsonanten, die nur durch die Zuhilfenahme eines Vokals gesprochen werden können und daher auch als „Mitlaute" bezeichnet werden.

Im Allgemeinen unterscheiden wir drei Vokalgruppen:
- die eigentlichen Vokale a, e, i, o und u
- die Umlaute ä, ö und ü
- die Diphthonge (Doppel- oder Zwielaute) au, äu, eu, ei und ai

Die ersten beiden Gruppen, die eigentlichen Vokale und die Umlaute, kann man entweder lang oder kurz sprechen, während die Diphthonge immer lang ausgesprochen werden.
Was es bedeutet, ob ein Vokal lang oder kurz ausgesprochen wird, kannst du gut an den Beispielen „Ofen" und „offen" merken: Während das „o" des Wortes „Ofen" lang ausgesprochen wird, enthält das Wort „offen" ein kurz ausgesprochenes „o".

Lang gesprochene Vokale

In der deutschen Rechtschreibung gibt es verschiedene Arten, die Länge eines Vokals wiederzugeben, was in erster Linie mit der sprachgeschichtlichen Entwicklung der Wörter zusammenhängt. Feste Regeln, ob und in welcher Form die Vokallänge gekennzeichnet wird, gibt es nicht.

Im Einzelnen unterscheidet man vier Möglichkeiten:
- Die Länge des Vokals bleibt unbezeichnet
  (vergleiche S. 23 oben).
- Die Länge des Vokals wird durch dessen Doppelschreibung bezeichnet
  (vergleiche S. 23 unten).
- Die Länge des Vokals wird durch ein Dehnungs-h bezeichnet
  (vergleiche S. 24 oben).
- Die Länge des Vokals wird durch ein Dehnungs-e bezeichnet
  (vergleiche S. 24 unten).

Fehlende Bezeichnung der Vokallänge

Abgesehen vom langen „i", das – ausgenommen in Fremdwörtern – ohne Dehnungszeichen nur sehr vereinzelt auftritt, bleibt in den meisten Fällen ein langer Vokal unbezeichnet. Dies gilt nicht nur für die „eigentlichen Vokale", sondern auch für die Umlaute.

▼ a: da, einmal, gar, graben, Klage, mager, Plan, Rat, Tal, Tat, Ware

   e: beten, dem, Herd, Leder, legen, neben, reden, Schere, schwer

   i: dir, erwidern, Igel, mir, Widerruf, wir; außerdem in zahlreichen
      Fremdwörtern: Bibel, Dativ, Kilo, Liter, Maschine, Musik, Tiger

   o: bloß, Dom, geboren, holen, Kanone, Not, oder, schonen, Tor

   u: Blume, bluten, Buch, genug, Glut, klug, Kuchen, mutig, Tuch, zu

   ä: Bär, erklären, (sie) kämen, nämlich, schräg, Träne, (ich) wäre

   ö: Gehör, hören, lösen, Öl, schön, stören, strömen, verschwören

   ü: Blüte, brüten, für, grünen, hüten, Schüler, schwül, spülen, Tür

Tipp: Das Präfix (die Vorsilbe) „ur-" und die Suffixe (Nachsilben) „-tum", „-sam", „-bar" sowie „-sal" werden immer ohne Dehnungszeichen geschrieben, obwohl sie jeweils einen lang gesprochenen Vokal enthalten, so zum Beispiel in „uralt", „Urwald", „Reichtum", „Wachstum", „mühsam", „wachsam", „brennbar", „dankbar", „Mühsal" und „Trübsal".

Bezeichnung der Vokallänge durch Doppelvokal

Der Doppelvokal als Dehnungszeichen tritt vergleichsweise selten auf, außerdem existiert er nur als „aa", „ee" und „oo", denn ein doppeltes „i" oder „u" gibt es in der deutschen Rechtschreibung nicht.

▼ aa: Aal, Aas, (ein) paar (= einige), (das) Paar, Saat, Staat, Waage

   ee: Beere, Beet, Fee, Heer, Idee, Kaffee, leer, Meer, See, Tee

   oo: Boot, doof, Moor, Moos, Zoo

Wichtig: Es gibt keinen doppelt geschriebenen Umlaut. Daher wird in dem Fall, in dem es zu einer Umlautung eines Doppelvokals kommt, etwa bei der Pluralbildung (Mehrzahlbildung) eines Wortes oder bei Diminutivformen (Verkleinerungsformen), nur ein einzelner umgelauteter Vokal geschrieben.

▼ Bötchen (← Boot), Härchen (← Haar), Pärchen (← Paar), Säle (← Saal)

Bezeichnung der Vokallänge durch Dehnungs-h

Der Dehnungs-h-Gebrauch stellt eine Möglichkeit dar, einen Vokal zu dehnen. Im Gegensatz zum Doppelvokal (vergleiche S. 23 unten) ist das Dehnungs-h bei allen Vokalen und Umlauten zu finden, es steht allerdings meistens nur vor den Konsonanten (Mitlauten) „l", „m", „n" und „r".

▼ ah: **Ah**nung, **Bah**n, bewa**hr**en, fa**hr**en, ka**hl**, Na**hr**ung, wa**hr**, Za**hl**

    eh: Befe**hl**, e**hr**lich, Ke**hl**e, Le**hm**, ne**hm**en, Se**hn**e, se**hr**, ste**hl**en, ze**hn**

    ih: (sehr seltenes Auftreten): i**hr**, i**hm**, i**hn**, i**hn**en (= Pronomen!)

    oh: Bo**hn**e, Bo**hr**er, ho**hl**, Ko**hl**, o**hn**e, O**hr**, So**hl**e, So**hn**, wo**hn**en

    uh: Aufru**hr**, bu**hl**en, Hu**hn**, Ru**hm**, Stu**hl**, U**hr**

    äh: **äh**nlich, Mä**hn**e, wä**hl**en, wä**hr**end, Wä**hr**ung, Zä**hl**er, zä**hm**en

    öh: Fö**hn**, Hö**hl**e, hö**hn**isch, Mö**hr**e, Rö**hr**e, stö**hn**en, versö**hn**en

    üh: Bü**hn**e, fü**hr**en, Gebü**hr**, Gefü**hl**, kü**hl**, Mü**hl**e, rü**hm**en

Achtung: Vom Dehnungs-h musst du das silbentrennende „h" unterscheiden, so zum Beispiel in Verben mit einem langen Vokal wie in „se-hen", „dro-hen", „glü-hen", „ge-hen", „nä-hen", „zie-hen" oder „ste-hen". In solchen Fällen ist das „h" in die Wörter eingefügt worden, um nicht mehrere Vokale in der Schrift nebeneinander stehen zu haben, also nicht Formen wie „zieen" (statt „ziehen") und „steen" (statt „stehen") schreiben zu müssen. Das „h" gehört in solchen Wörtern zum Wortstamm, man nennt es auch stammschließendes „h".

Bezeichnung der Vokallänge durch Dehnungs-e

Das Dehnungs-e stellt eine weitere Möglichkeit dar (vergleiche „… Dehungs-h" oben oder „… Doppelvokal" auf S. 23), einen Langvokal zu kennzeichnen. Zwar kommt es nur beim „i" zum Einsatz, hier aber in den allermeisten Fällen: im Auslaut (1) immer und im Inlaut (2) meistens.

▼ (1) Demokrat**ie**, d**ie**, Energ**ie**, Fotograf**ie**, Kn**ie**, Lotter**ie**, Melod**ie**, n**ie**

    (2) ausg**ie**big, B**ie**ne, B**ie**r, D**ie**b, F**ie**ber, Fr**ie**den, K**ie**s, Klav**ie**r, L**ie**be, L**ie**d, M**ie**der, (Gesichts-)M**ie**ne, m**ie**s, Sch**ie**fer, s**ie**ben, (Besen-)St**ie**l, v**ie**l, w**ie**der (= noch einmal), Z**ie**rde

Tipp: Die wenigen Wörter mit einem anlautenden langen „I/i" („Ibis", „Igel", „Iglu", „Ilex", „Iris") haben kein Dehnungs-e.

Bezeichnung der Vokallänge durch Dehnungs-e + stammschließendes „h"

Das stammschließende „h" (vergleiche dazu „Bezeichnung der Vokallänge durch Dehnungs-h", S. 24) taucht auch in bestimmten Wörtern auf, in denen ein langes „i" bereits durch das Dehnungs-e markiert ist. Bei der Buchstabenfolge „ieh" handelt es sich aber um keine doppelte Vokaldehnung durch ein Dehnungs-e und ein Dehnungs-h, sondern lediglich um die Dehnung durch das „e" und den Wortstamm-Abschluss durch das „h".

▼ (er) zieht (→ ziehen), (sie) flieht (→ fliehen), (er) empfiehlt, (sie) stiehlt, (es) geschieht; das Vieh

Kurz gesprochene Vokale

Wie bei der Markierung der lang gesprochenen Vokale (vergleiche S. 22 unten) gibt es auch verschiedene Möglichkeiten der Kennzeichnung des Kurzvokals im Stamm eines Wortes: Sie kann zum einen durch die so genannte „Konsonanten- (Mitlaut-) verdoppelung" („Tonne", „Pappe", „immer") erfolgen oder zum anderen in der Schreibung von zwei oder mehreren verschiedenen Konsonanten („schlüpfen", „Herbst", „stärken") bestehen.
Die Konsonantenverdoppelung wie auch die Schreibung von zwei oder mehreren verschiedenen Konsonanten wird auch als „Mehrfachkonsonanz" oder „Konsonantenhäufung" bezeichnet, wobei die Konsonantenverdoppelung im Grunde genommen nichts anderes ist als ein Sonderfall der Schreibung von zwei oder mehreren verschiedenen Konsonanten.

Kurzvokale vor Konsonanten- (Mitlaut-) verdoppelung

Nach einem kurzen, betonten Vokal wird der folgende Konsonant fast immer verdoppelt. Es ist daher wichtig für dich, dass du die Kürze des Vokals auch erkennst und das entsprechende Wort richtig aussprichst. Die Kennzeichnung eines kurz gesprochenen Vokals durch die Konsonantenverdoppelung, die man früher oft auch als „Schärfung" bezeichnet hat, kann mit Hilfe fast aller Konsonanten erfolgen.

Tipp: Die Konsonantenverdoppelung bleibt in Ableitungen, in flektierten (gebeugten) Formen und vor Wortbildungssilben (also innerhalb einer Wortfamilie) erhalten.

▼ bb: bibbern, blubbern, Ebbe, Hobby, Lobby, Robbe, Stubben

cc: Accessoire, Account, Boccia, Cappuccino, Stracciatella

dd: buddeln, Buddelschiff, Daddy, knuddeln, paddeln

ff: Affe, bewaffnen, gaffen, Löffel, muffig, offen, Puffer, Suff; Schaffner (→ schaffen), aber: Geschäft!

gg: aggressiv, Bagger, Egge, Roggen, Schmuggler (→ schmuggeln)

kk: akkurat, Makkaroni, Mokka, okkupieren, Sakko, Trekking

ll: bellen, Fell, Halle, mollig, Müll, Roller, (du) stellst (→ stellen)

mm: hämmern, Hemmnis (→ hemmen), immer, Kammer, Sommer

nn: (es) brannte (→ brennen), denn, dünn, Kanne, Tonne, wann

pp: kippen, Mappe, schleppen, Suppe, (er) stoppt (→ stoppen), Tipp

rr: Barren, dörren, irr, Karren, klirren, Narr, schwirren, surren

ss: essen, küssen, Messer, vergesslich (→ vergessen), Wasser

tt: Bettler (→ betteln), flott, Flotte, Kette, Latte, Motte, Mutter, Ritter

ww: Struwwelpeter

zz: Blizzard, Mezzosopran, Pizza, Razzia, Skizze

Achtung: Diese Doppelkonsonanzen zur Markierung eines kurz gesprochenen betonten Vokals sind in der deutschen Rechtschreibung nicht gleichermaßen verbreitet: Während die „pp"-, „mm"- oder „nn"-Schreibungen sehr zahlreich sind, ist die „ww"-Schreibung in „Struwwelpeter" eine absolute Ausnahme. Die „cc"-Schreibung taucht nur in Fremdwörtern auf, ebenso die seltenen „kk"- oder „zz"-Schreibungen.

In Fremdwörtern kann übrigens eine Doppelkonsonanz auch nach einem kurzen Vokal, der nicht betont ist, auftreten. In den Beispielen ist der betonte Vokal bzw. Diphthong (Doppellaut) markiert:

▼ Apparat, Ballon, Batterie, Effekt, Fritteuse, Grammatik, Karussell, Kassette, Konkurrenz

Kurzvokale vor zwei oder mehreren verschiedenen Konsonanten (Mitlauten)

Folgen einem kurzen, betonten Vokal zwei oder mehr verschiedene Konsonanten, so wird der Folgekonsonant in der Regel nicht verdoppelt. Über die Anzahl der zahlreichen Schreibungen von zwei oder mehreren verschiedenen Konsonanten nach einem kurz gesprochenen Vokal kann man sich kaum ein Bild machen – die vielen Möglichkeiten sind schwer abzuschätzen.

▼ ck: Sa**ck**, pi**ck**en (vergleiche auch nächsten Punkt)

   ld: Fe**ld**, ba**ld**; lf: he**lf**en, Hi**lf**e; lg: fo**lg**en, Fe**lg**e; lp: stü**lp**en, Tu**lp**e

   nd: Ki**nd**, la**nd**en; ng: la**ng**, Ri**ng**; nz: wi**nz**ig, Pa**nz**er

   pf: hü**pf**en, O**pf**er

   rd: wi**rd**, Bo**rd**; rk: Stä**rk**e, me**rk**en; rt: do**rt**, Spa**rt**e

   tz: tro**tz**dem, Ta**tz**e (vergleiche auch nächsten Punkt)

Die Schreibungen „ck" und „tz" nach einem Kurzvokal

Die Schreibungen „ck" und „tz" ersetzen in der deutschen Rechtschreibung die Doppelkonsonanten „kk" und „zz". Worte wie „Sakko" oder „Trekking" bzw. „Razzia" oder „Pizza" sind Fremdwörter, die besonderen orthographischen Regeln unterliegen (vergleiche S. 26 unten).
Das „k" und das „z" werden in deutschen Wörtern also nicht verdoppelt, dafür schreibt man nach einem kurzen betonten Vokal „ck" bzw. „tz".

▼ ck: Blo**ck**, Fle**ck**, Fli**ck**en, (sie hat) gesti**ck**t (→ sti**ck**en), verrü**ck**t

   tz: bese**tz**en, Fe**tz**en, he**tz**en, plö**tz**lich, (er) si**tz**t (→ si**tz**en)

Die „k"-Schreibung nach einem Kurzvokal in Fremdwörtern

In zahlreichen Wörtern mit einem k-Laut, die einer fremden Sprache entstammen, steht nach einem kurzen (wie auch nach einem langen) Vokal nur ein einfaches „k".

▼ Direktor, Elektrik, Kaktus, Kautschuk, Republik, Tabak

Ausnahmen zur Kennzeichnung eines Kurzvokals

Ausnahmen findet man vor allem in zahlreichen Kurzwörtern, in denen der Kurzvokal nicht gekennzeichnet ist. Hier spricht man auch von einer „Sparschreibung", weil nach dem kurz gesprochenen Vokal jeweils nur ein Konsonant folgt und man dadurch gewissermaßen einen Konsonanten „einspart".

> ▼ ab, am, an, bin, bis, darin, darum, es, hat, hin, im, in, man, mit, ob,
> vom, von, warum, weg, zum; auch: Bus, fit, Hit, Jet, Job, Pop, Set

Gleich klingende Vokale („e" und „ä" als Kurzvokale)

Im Bereich des Vokalismus gibt es das Problem, dass die Buchstaben „e" und „ä" zwei Schreibungen darstellen, die für ein und denselben kurzen Laut stehen.

Anders gesagt wird der kurze Umlaut „ä" in vielen Wörtern wie ein „e" gesprochen, aber mit „ä" geschrieben. Im Gegensatz zum langen „e" (zum Beispiel in „[der] See") und zum langen „ä" (zum Beispiel in „[der] Käse") hört man beim kurzen „e" und kurzen „ä" keinen Unterschied in der Aussprache.

> ▼ ändern, ärgern, Bänder, Endung, Feld, Hälse, hässlich, Held, Kälte,
> lässig, rächen, Stände, Verbände, vergelten, Wände, Wende

Der Umlaut „ä" wird in der Regel nur dann geschrieben, wenn in einer anderen Form dieses Wortes, zum Beispiel im Singular (in der Einzahl) eines Nomens (Namenworts) oder im Infinitiv (in der Grundform) eines Verbs (Tuworts), eine „a"-Schreibung auftaucht. Auch ein verwandtes Wort mit „a" aus derselben oder einer anderen Wortart kann helfen.

> ▼ die Kämpfe (→ der Kampf), sie hält (→ halten), behände (→ Hand),
> Empfänger (→ empfangen), Gämse (→ Gams), gänzlich (→ ganz),
> hartnäckig (→ Nacken), verängstigen (→ Angst)
>
> **Achtung:** älter (→ alt), aber: die Eltern;
> (er) schwankte, aber: (sie) schwenkte (ein Taschentuch)

Tipp: Bei einigen Wörtern sind zwei Schreibungen möglich, weil auch unterschiedliche Ableitungen möglich sind.

> ▼ aufwendig/aufwändig (→ aufwenden/Aufwand),
> Schenke/Schänke (→ ausschenken/Ausschank)

Diphthonge (Doppel- oder Zwielaute)

In der griechischen Sprache bedeutet „dís" so viel wie „zwei" und „phthóngos" so viel wie „Klang". Mit diesem Wissen ist es für dich nicht schwer zu verstehen, dass das Wort „Diphthong" im Deutschen die Kombination zweier Laute bezeichnet, genauer gesagt einen aus zwei Vokalen gebildeten Laut, der deshalb auch „Doppel-" oder „Zwielaut" heißt. Wir haben davon fünf Stück in der deutschen Sprache, nämlich „ei", „ai", „eu", „äu" und „au"; sie werden immer lang gesprochen und benötigen daher auch kein weiteres Dehnungszeichen.

„ei" und „ai"

Die Diphthonge „ei" und „ai" klingen in der deutschen Standard-Aussprache vollkommen gleich, nämlich wie das Wort „(das) Ei". Die „ei"-Variante ist die gebräuchliche Form. Wörter mit „ai" stellen die Ausnahme dar, die du aber leicht auswendig lernen kannst, weil sie nicht sehr zahlreich sind. Man kann sie leider nicht von einer Regel ableiten, du musst sie dir ganz einfach merken.

▼ ei: be**i**de, d**ei**n, dr**ei**, **Ei**fer, **Ei**mer, **Ei**nerlei, f**ei**n, h**ei**zen, Kl**ei**d, L**ei**d, l**ei**ten, m**ei**den, **Mei**se, r**ei**ch, r**ei**n, R**ei**s, R**ei**se, S**ei**de, s**ei**t, W**ei**zen

ai: das **Ai** (Faultier!), der **Hai**, der **Hai**n (Wäldchen!), der **Kai** (Hafendamm!), der **Kai**ser, der (Brot-)**Lai**b, der **Lai**ch, der **Lai**e, der **Mai**, die **Mai**d, **Mai**land, der **Mai**s, der **Rai**n (Ackergrenze!), die **Sai**te (z. B. bei der Geige), der **Tai**fun, die **Wai**se (elternloses Kind!)

Tipp: Wörter mit „Ai/ai" sind in der Regel Nomen (Namenwörter).

„eu" und „äu"

Die beiden Diphthonge „eu" und „äu" klingen in der deutschen Standardspra-
che identisch, man kann ihre Schreibung aber im Gegensatz zu „ei" und „ai"
(vergleiche S. 29) ableiten, jedenfalls in den meisten Fällen. Der Diphthong
„äu" wird nämlich in der Regel nur dann geschrieben, wenn es Wortverwandte
mit „au" gibt. Existieren hingegen keine verwandten Wörter mit „au", schreibt
man „eu".

▼ eu: beschleunigen, Beute, Deutschland, Efeu, euch, Eule, feucht,
  Feuer, Freundschaft, Heu, heute, Keule, leugnen, Meute, Scheune,
  schleudern, treu, verleumden

äu: äugen (→ Auge), einzäunen (→ Zaun), Gebäude (→ bauen),
  Häuschen (→ Haus), läuten (→ laut), Räuber (→ Raub),
  Säugling (→ saugen), Säure (→ sauer)

  Achtung: Die folgenden Wörter entsprechen nicht der Regel:
  sich sträuben (→ ?), Säule (→ ?), Knäuel (→ ?), sich räuspern (→ ?)

„au"

Beim Diphthong „au" treten für dich keine Schwierigkeiten auf, weil es für ihn
keine zweite Schreibweise gibt.

▼ auf, Auge, Aula, aus, Autogramm, Bau, bauen, Baum, bedauern,
  Dauer, draußen, hauen, Haufen, Haus, klauen, Klaus, Mauer, Maus,
  Sau, schauen, Schauer, Stau, staunen, verstauen

Schreibung der Konsonanten (Mitlaute)

Wie du bestimmt weißt, unterscheiden wir in der deutschen Sprache Vokale (vergleiche S. 22) und Konsonanten: Während die Vokale auch als Selbstlaute bezeichnet werden, da sie ohne Zuhilfenahme eines anderen Lautes gesprochen werden können, tragen die Konsonanten auch die Bezeichnung Mitlaute, was so viel bedeutet, dass sie nur mit Hilfe eines Vokals gesprochen werden können. Konsonanten können entweder stimmhaft oder stimmlos sein, das heißt, dass die Stimmbänder beim Aussprechen des jeweiligen Konsonanten entweder vibrieren (= stimmhaft) oder nicht vibrieren (= stimmlos). Du kannst dieses Vibrieren bzw. Nicht-Vibrieren am besten nachvollziehen, wenn du dich bei der Aussprache des betreffenden Konsonanten am Hals im Bereich der Kehle anfasst: Sprichst du das „b" im Wort „Leben" aus, merkst du, dass es sich hier um einen stimmhaften Konsonanten handelt; sprichst du hingegen das „p" im Wort „Lappen" aus, stellst du einen stimmlosen Konsonanten fest.

Zur Bezeichnung der konsonantischen Laute haben wir im Deutschen folgende Buchstaben: b, c, d, f, g, h, j, k, l, m, n, p, q, r, s, ß, t, v, w, x, y und z.

Konsonantenverbindungen

Während man in dem Fall, in dem derselbe Konsonant zweimal hintereinander auftritt, von einer „Doppelkonsonanz" oder „Konsonantenverdoppelung" spricht, bezeichnet man das Aufeinandertreffen bestimmter verschiedener Konsonanten als „Konsonantenverbindung". Man kann nicht immer genau hören, wie ein Wort geschrieben wird, in dem mehrere Konsonanten aufeinander treffen, aber ein paar Regeln gibt es natürlich doch.

„Sch/sch"

Hört man ein „sch" vor einem Vokal, wird auch ein „Sch/sch" geschrieben.

- ▼ Bescheid, beschönigen, entschuldigen, Flasche, schade, Schande, Scheibe, schief, Schule, zwischen

Auch vor vielen Konsonanten spricht und schreibt man „Sch/sch".

- ▼ Schlange, schließlich; schmecken, Schmiere; Schnecke, schniefen; schräg, schreien; Schwan, Schwefel

Ausnahmen: „Sch/sch" vor „t" und „p" (siehe „St/st" und „Sp/sp", S. 32).

„St/st"

Hört man im Anlaut eines Wortes oder einer Silbe ein „sch" vor einem „t",
wird „St/st" geschrieben.

- ▼ anstößig, Bestand, bestärken, bestehen, bestimmt, entstauben, Stadt,
  Stamm, Stange, steil, stören, Strafe, verstrahlt

„Sp/sp"

Hört man im Anlaut eines Wortes oder einer Silbe ein „sch" vor einem „p",
wird „Sp/sp" geschrieben.

- ▼ bespielen, entspannen, sparen, Spargel, spaßig, Speise, sperren,
  Spiegel, spitz, splittern, Sport, sprachlos, Spur, verspäten

„ck" und „tz" (sowie „Zw/zw")

In der deutschen Sprache werden – von wenigen Ausnahmen abgesehen –
die Konsonanten „k" und „z" nicht verdoppelt , so dass nach einem kurzen,
betonten Vokal sehr häufig die Schreibung „ck" bzw. „tz" erfolgt.

- ▼ ck: Bäckerei, belecken, dick, Ecke, Fleck, flicken, stecken, sticken,
  Strecke, Zacken, Zucker

  Ausnahmen: Akku, Mokka, Sakko, Trekking (Vergleiche
  „Die Schreibungen ‚ck' und ‚tz' nach einem Kurzvokal", S. 27.)

- tz: ätzend, besetzen, Blitz, flitzen, Katze, Metzger, Netz, Nutzen,
  protzen, ritzen, Witz, zuletzt

  Ausnahmen: Pizza, Razzia, Skizze (Vergleiche S. 27.)

„Qu/qu" und „Ch/ch"

Manche Wörter, in denen du (meist am Wortanfang) ein „k" hörst, werden entweder mit „Qu/qu" oder mit „Ch/ch" geschrieben. Sie sind aber nicht so zahlreich, so dass du schnell einen Überblick über sie bekommen wirst.

▼ Qu/qu: **qu**adratisch, **qu**aken, **qu**älen, **Qu**alle, **Qu**antum, **Qu**ark, **qu**atschen, **Qu**elle, **qu**er, **Qu**irl

Ch/ch: **ch**arakterisieren, **Ch**lor, **Ch**or, **Ch**oral, **Ch**ristus, **Ch**rom, **ch**ronisch, **Ch**ronologie, Or**ch**ester

Achtung: Die Konsonantenverbindung „Ch-/ch-" wird im Anlaut nicht immer „k" gesprochen. In vielen Wörtern mit „Ch-/ch-", die meistens Fremdwörter aus sehr unterschiedlichen Sprachen sind, wird nicht ein „k", sondern ein „sch" („**Ch**ampagner", „**Ch**ef") gesprochen, in manchen Wörtern („**Ch**emie", „**Ch**ina", „**Ch**inin") je nach Region „ch" oder „k".

Gleich oder ähnlich klingende Konsonanten

In der deutschen Sprache gibt es ein paar gleich oder ähnlich klingende Konsonanten, die durch unterschiedliche Buchstaben wiedergegeben werden. Gemeint sind die Buchstaben „b" und „p", „g" und „k", „d" und „t", „F/f", „V/v" und „Ph/ph" (sowie „Pf/pf"), „X/x", „cks", „ks", „gs" und „chs" sowie die Suffixe (nachgestellten Wortbausteine) „-ig", „-lich" und „-isch" bzw. die Präfixe (vorangestellten Wortbausteine) „E/end-" und „E/ent-".

„b" und „p"

Die beiden Konsonanten „b" und „p" klingen in der deutschen Sprache am Wortende und sehr häufig auch im Wortinnern gleich, nämlich wie ein „p". Am Silben- oder Wortende ist es sogar unmöglich, ein stimmhaftes „b" zu sprechen, so dass du – um die richtige Schreibweise herauszufinden – zu dem jeweiligen Wort Ableitungen, Verlängerungen oder Grundformen bilden musst.

▼ er**b**lich (→ Er**b**e), (sie) ga**b** (→ ge**b**en), (er) hu**p**te (→ hu**p**en), Kal**b** (→ Käl**b**er), Kor**b** (→ Kör**b**e), lie**b** (→ lie**b**er), Lo**b** (→ lo**b**en), (es) pie**p**t (→ pie**p**en), (sie) rei**b**t (→ rei**b**en), (es) stir**b**t (→ ster**b**en)

Aber: Leider kannst du nicht immer verwandte Wortformen finden, so zum Beispiel bei „Kno**b**lauch", „Schli**p**s", „Kre**b**s" oder „Ra**p**s". Hier hilft nur einmal mehr der Blick ins Wörterbuch!

„g" und „k"

Bei „g" und „k" haben wir in der deutschen Sprache das Problem, dass man das „g" am Ende einer Silbe oder eines Wortes nicht stimmhaft, sondern stimmlos wie ein „k" oder sogar wie ein „ch" (zum Beispiel bei „Honig") ausspricht. Vielfach wird auch in anderen Aussprachefällen im Wortinnern das „g" zum „k", so dass du nur mit Hilfe von Ableitungen, Verlängerungen oder Grundformen sicher sein kannst, die richtige Schreibung gefunden zu haben.

▼ Berg (→ Berge), dankbar (→ danken), flugs (→ Flug/Flüge), (er) liegt (→ liegen), (er) log (→ lügen), (er) singt/sang (→ singen), (das Boot) sinkt/sank (→ sinken), (sie) trinkt/trank (→ trinken)

Aber: Nicht zu jedem Wort mit „g" oder „k" gibt es eine verwandte Form. Wörter wie zum Beispiel „begegnen", „weg", „leugnen", „Kiosk", „rücklings" musst du dir einfach einprägen und lernen!

„d" und „t"

In der deutschen Sprache klingen die beiden Konsonanten „d" und „t" am Wort- oder Silbenende gleich. Da man hier immer das stimmlose „t" spricht, musst du Ableitungen, Verlängerungen oder Grundformen finden, um bei der Schreibung sicher zu sein.

▼ freundlich (→ Freunde), Gebet (→ Gebete/beten), Geld (→ Gelder), Kleid (→ Kleider), Leid (→ leiden), Neid (→ neidisch), (er) rät (→ raten), schädlich (→ Schaden), tot (→ töten), (es) wird (→ werden)

Aber: Du kannst dir sicher vorstellen, dass es bei der Schreibung mit „d" oder „t" Wörter gibt, deren Schreibung man nicht durch verwandte Formen erschließen kann. In diesem Fall musst du also im Wörterbuch nachschlagen und dir die Wörter dann gut einprägen. Dazu gehören zum Beispiel „Gletscher", „Lotse", „niedlich" oder „Jugend" sowie „(ihr) seid" (sein!) und „seit" (seitdem!).

Achtung: Wenn du in einem Wort ein „t" sprichst, gibt es in ganz wenigen Fällen auch die Schreibung mit „dt" oder – in Fremdwörtern – mit „th". Diese Wörter solltest du dir merken!

dt-Wörter: (er) sandte, (er hat) gesandt (→ senden); gewandt, Stadt, verwandt, Verwandtschaft

th-Wörter: Ethik, Diskothek, katholisch, Mathematik, Methode, Rhythmus, sympathisch, Theater, Thema, Theorie, These, thronen

f-Laute

Gleich klingen die Konsonanten „f", „v" und „ph". Gleich drei Varianten sind es also, die man voneinander unterscheiden muss, leider gibt es aber keine allgemein gültige Regel zu ihrer Schreibung, jedenfalls nicht für „F/f" und „V/v". Du musst dir die Wörter einprägen und gegebenenfalls im Wörterbuch nachschlagen!

„F/f"

Klingen „f", „v" und „ph" auch gleich, so ist es eine Hilfe zu wissen, dass die „F/f"-Schreibung am verbreitetsten ist.

▼ Anfang, au**f**, Be**f**ehl, E**f**eu, ein**f**ach, **F**amilie, **F**erse, **F**euer, **F**irma, **f**lechten, **f**leißig, **f**ordern, **F**reund, **f**ür, **F**ußball, O**f**en, Schwe**f**el, So**f**a

„V/v"

Es gibt nicht allzu viele deutsche Wörter mit „V/v", allerdings kommt es in vielen Fremdwörtern vor, wo es häufig auch als ein „w" ausgesprochen wird.

▼ akti**v**, bra**v**, Moti**v**, nai**v**, Ner**v**, **V**ater, **V**ieh, **v**iel, **v**ielleicht, **v**ier, **V**ogel, **V**olk, **v**öllig, **v**on, **v**orn;

und alle Wörter mit den Vorsilben „V/ver-" und „V/vor-": **ver**dammen, **ver**führen, **Ver**hör, **ver**kehrt, **ver**kennen, **ver**passen, **Ver**rat, **ver**schließen, **ver**suchen; **vor**bildlich, **vor**bringen, **vor**her, **vor**laden, **Vor**name, **vor**sagen, **Vor**sicht, **Vor**teil, **vor**tragen, **vor**trefflich

w-Aussprache: Attrakti**v**ität, o**v**al, O**v**erhead-Projektor, pri**v**at, Pro**v**inz, Re**v**olution, **V**anille, **V**ase, **V**entil, **V**eranda, **v**ital, **V**itamin, **V**ulkan

Achtung: Hat ein Wort im Auslaut „v", wird in der flektierten (gebeugten) Form häufig ebenfalls „w" gesprochen („akti**v**e Zeit", „die Moti**v**e").

„Ph/ph"

Was die Schreibung mit „Ph/ph" anbelangt, so gilt diese für eine Reihe von Fremdwörtern. Für viele gibt es aber inzwischen Nebenformen mit „F/f"-Schreibung (hier in Klammern).

▼ Al**ph**abet, Atmos**ph**äre, Del**ph**in (Del**f**in), Di**ph**thong, Geogra**ph**ie (Geogra**f**ie), Katastro**ph**e, Meta**ph**er, Orthogra**ph**ie (Orthogra**f**ie), Paragra**ph** (Paragra**f**), **Ph**ase, **Ph**osphor, **Ph**ysik, Pro**ph**et

Tipp: Bei manchen Fremdwörtern gilt inzwischen die „Ph/ph"-Schreibung als Nebenform: **F**antasie (**Ph**antasie), **F**otografie (**Ph**otogra**ph**ie).

„Pf/pf"

Die Schreibung mit „Pf/pf" ist nur bei sehr deutlicher Aussprache herauszuhören: Zumindest als Anlaut, also am Wortanfang, klingt das „pf" in der Standard-Aussprache wie „f", als In- und Auslaut ist es hingegen noch gut zu hören.

▼ Anlaut: **Pf**ad, **Pf**ahl, **Pf**and, **Pf**anne, **pf**eifen, **Pf**eil, **Pf**erd, **Pf**laume, **pf**legen, **Pf**licht, **pf**ui!, **Pf**und, **Pf**ütze

In-/Auslaut: A**pf**el, hü**pf**en, kam**pf**los, klo**pf**en, o**pf**ern, ru**pf**en, Scho**pf**, stum**pf**, ta**pf**er, Za**pf**en

„X/x", „cks", „ks", „gs" und „chs"

Zu den häufig falsch geschriebenen Wörtern gehören Wörter, die den Buchstaben „X/x" oder die Buchstabenfolgen „cks", „ks", „gs" bzw. „chs" enthalten, und zwar deshalb, weil der Laut, den sie wiedergeben, der so genannte x-Laut, völlig gleich gesprochen wird. Die einzige Regel, die du dir merken kannst, lautet: Am Wortanfang wird immer mit „X/x" geschrieben, im Wortinnern oder am Wortende treten auch die anderen Schreibweisen auf.

▼ X/x: A**x**t, Bo**x**, Bo**x**er, fei**x**en, fi**x**, Fle**x**ion, He**x**e, kompl**ex**, kra**x**eln, la**x**, Lu**x**us, mi**x**en, Ni**x**e, Pra**x**is, Se**x**, Suffi**x**, Ta**x**i, **X**aver, **X**ylophon

cks: hinterrü**cks**, Kle**cks**, Kni**cks**, zwe**cks**

ks: Ke**ks**, Ko**ks**, lin**ks**, Mur**ks**, schla**ks**ig

gs: allerdin**gs**, anfan**gs**, flu**gs**, geradewe**gs**, mitta**gs**

chs: A**chs**el, Bü**chs**e, Da**chs**, dre**chs**eln, Eide**chs**e, Fla**chs**, Fu**chs**, se**chs**, O**chs**e, verwe**chs**eln, Wa**chs**, wa**chs**en

Tipp: Oft gilt, wie auch sonst in der deutschen Rechtschreibung, die Ableitung vom Stammwort: Ein bei der Wortflexion (…beugung) oder in Ableitungen entstehender x-Laut richtet sich also in seiner Schreibung nach dem Stammwort oder einem anderen verwandten Wort (1).
Haben Verben (Tuwörter) nur in der zweiten Person Singular (Einzahl) den x-Laut, gibt immer der Infinitiv (die Grundform) Aufschluss (2).

▼ (1) hinterrü**cks** (→ Rü**ck**en), Kle**cks** (→ kle**ck**ern); lin**ks** (→ lin**k**er Fuß); anfan**gs** (→ Anfan**g**), flu**gs** (→ Flu**g**), geradewe**gs** (→ We**g**)

(2) (du) drü**ckst** (→ drü**ck**en), (du) ho**ckst** (→ ho**ck**en); (du) stin**kst** (→ stin**k**en), (du) hin**kst** (→ hin**k**en); (du) lie**gst** (→ lie**g**en), (du) pfle**gst** (→ pfle**g**en)

Die Suffixe (nachgestellten Wortbausteine) „-ig", „-lich" und „-isch"

Obwohl man bei allen Wörtern mit den Suffixen „-ig", „-lich" und „-isch" durch einfaches Verlängern die richtige Schreibweise leicht herausfinden kann, werden bei diesen Wörtern vielfach Fehler gemacht.

▼ -ig: fieb**rig** (→ fieb**rig**e Erkältung), freu**dig** (→ freu**dig**es Ereignis), lus**tig** (→ lus**tig**e Kindersendung)

-lich: freund**lich** (→ freund**lich**e Nachbarn), schrift**lich** (→ schrift**lich**e Klassenarbeit)

-isch: stürm**isch** (→ stürm**isch**e See), verführer**isch** (→ verführer**isch**e Schönheit)

Achtung: „-ig" und „-isch" sind Wortbausteine, **keine** abtrennbaren Silben.

Die Präfixe (vorangestellten Wortbausteine) „E/end-" und „E/ent-"

Rechtschreibfehler werden häufig bei den Präfixen „end-" und „ent-" gemacht. Hier gibt es aber eine ganz einfache Regel: „E/ent-" tritt nur als unbetontes Präfix bzw. unbetonte Vorsilbe auf, während „E/end-" betont wird und sich zudem auf die Bedeutung des Wortes „Ende" beziehen muss.

▼ E/ent-: **ent**fliehen, **ent**fernt, **ent**gegen, **ent**gleisen, **ent**scheiden, **Ent**-schuldigung, **ent**täuscht, **ent**wässern, **ent**weder, **Ent**zündung

E/end-: **End**ergebnis, **End**gültigkeit, **End**kampf, **end**los, **End**silbe, **End**spiel, **End**spurt, **End**summe, un**end**lich

s-Laute

Bei den s-Lauten gibt es sowohl stimmhafte als auch stimmlose Vertreter:
Die stimmhaften s-Laute werden gesummt, während die stimmlosen s-Laute
gezischt werden, wobei du durch deutliches Sprechen diese Unterschiede
auch leicht feststellen kannst.

– Stimmhafte Beispiele:
  absurd, Besen, Eisen, heiser, Hose, lesen, reisen, Sabine, Sage, Sahne,
  Sammlung, sechzehn, See, sein, sie, sorgen, Suche, süchtig, versauern
– Stimmlose Beispiele:
  beeinflussen, das, Fass, fast, fließen, (sie) fraß, Gäste, gestern, Gras,
  groß, Hass, Kuss, los, Messer, Stoß, verbessern

Für die Schreibung dieser zwei unterschiedlichen s-Laut-Vertreter gibt es
bestimmte Regeln, die du dir leicht merken kannst. Trotzdem ist die s-Laut-
Schreibung der Bereich, in dem nach der Groß- und Kleinschreibung die
meisten Rechtschreibfehler gemacht werden.

Stimmhafte, gesummte s-Laute

Stimmhafte s-Laute werden immer mit einfachem „S/s" geschrieben.
Dies gilt ohne Ausnahme. Bestimmt kennst du diese Regel schon aus der
Grundschule. Nicht umsonst stehen auch alle Beispielwörter zur Verdeutli-
chung stimmhafter s-Laute (siehe Einführung oben auf dieser Seite) mit dem
einfachen „S/s".
Wenn du dich zwingst, die s-Laute deutlich auszusprechen und dabei das
stimmhafte „s" auch wirklich gesummt (und nicht gezischt oder stimmlos) zu
bilden, kannst du in diesem Bereich keine Rechtschreibfehler mehr machen.
Übe das korrekte Aussprechen – laut und bewusst – doch einfach einmal
an den folgenden Beispielwörtern.

▼ besitzen, besonders, Dose, Esel, grasen, Käse, Kasimir, kreisen,
  Rasen, Residenz, Saat, sächlich, Sand, säuerlich, Serie, sicherlich,
  sieben, so, sozial, Superbenzin, versenden, Vorsorge

Tipp: Einen s-Laut am Anfang eines Wortes („sesshaft", „Soße")
oder eigenständigen Wortes in Ableitungen oder Zusammensetzungen
(„versüßen", „Fußsohle") schreibt man immer mit „S/s".

Stimmlose, gezischte s-Laute

Im Gegensatz zu den stimmhaften, gesummten s-Lauten (vergleiche S. 38), deren Wiedergabe nur einer einzigen Regel folgt, fordert die korrekte Schreibung der stimmlosen, gezischten s-Laute größere Aufmerksamkeit. Vielleicht hast du den Einführungstext zu den s-Lauten (S. 38 oben) gelesen und die unterschiedlichen Schreibweisen für das stimmlose „s" den Beispielwörtern bereits entnommen, jedenfalls lautet die Regel: Das scharf oder gezischt ausgesprochene, also stimmlose „s" wird entweder mit „s", „ß" oder mit „ss" geschrieben.

Schreibung mit „s"

Der stimmlose s-Laut wird mit einfachem „s" geschrieben, wenn es verwandte Wörter mit einem stimmhaften „s" gibt. Bei diesen „Verwandten", meist Ableitungen, Verlängerungen oder Grundformen, hört man den gesummten, stimmhaften s-Laut, der ja immer mit „s" geschrieben werden muss, gut heraus.

▼ Beweis (→ beweisen), Eis (→ eisig), Gras (→ Gräser), häuslich (→ Häuser), (sie) las (→ lesen), Maus (→ Mäuse), (er) rast (→ rasen)

Ausnahmen

Kurzwörter, da sie keine verwandten Wörter mit stimmhaftem „s" aufweisen.

▼ als, aus, bis, das (als Artikel oder Pronomen), des, es, etwas, falls, los, nichts, raus, was

Adverbien, bei denen das „s" bzw. „ens" Kennzeichen der Wortart ist.

▼ abends, abwärts, bereits, dienstags, links, mittags, morgens, nirgends, rechts, stets, unversehens, vollends, vorwärts, zusehends

Tipp: Außerdem wird der s-Laut in den Konsonantenverbindungen „sk", „st" (auch wenn wie „scht" ausgesprochen) und „sp" (auch wenn wie „schp" ausgesprochen) mit einfachem „s" geschrieben.

▼ sk: Diskus, Floskel, Maske, Muskel

   st: Gast, stehen, (er) stand, steif, stolpern, Taste

   sp: bespannen, raspeln, Spaß, Spott, Vesper

Schreibung mit „ß"

Der stimmlose s-Laut wird mit „ß" geschrieben, wenn ihm ein langer betonter Vokal (Selbstlaut) oder Diphthong (Doppellaut) vorausgeht und es keine verwandten Wörter mit „s" gibt.

▼ (sie) aß, außen, büßen, fließen, Floß, Fuß, groß, grüßen, heiß, Maß, schießen, schließlich, Stoß, Straße, (er) vergaß, weiß

Achtung: Bei der Flexion (Beugung) oder bei Ableitungen dieser mit einem langen Vokal gesprochenen Wörter kann es zu einem Wechsel hin zu einem Kurzvokal kommen, so dass sich auch die Schreibung von „ß" zu „ss" entsprechend ändert.

▼ (er) aß – (er hat) gegessen, (das) Essen; beißen – (das) Gebiss

  .fließen – (es) floss, (der) Fluss; genießen – (der) Genuss

  gießen – (es hat) gegossen; (das) Maß – messen, (sie) misst

  reißen – (er hat) gerissen; schießen – (sie) schoss, (der) Schuss

  (er) vergaß – vergessen; (sie) weiß – (sie hat) gewusst, (das) Wissen

Es ist auch noch interessant zu wissen, dass in dem Fall, in dem der Buchstabe „ß" nicht zur Verfügung steht, ein Ersatz durch „ss" erfolgt. Dies lässt sich häufig bei der Verwendung von Großbuchstaben beobachten, wenn zum Beispiel ein Wort wie „Straße" als „STRASSE" geschrieben wird.
Und: In der Schweiz schreibt man immer „ss" statt „ß"!

Schreibung mit „ss"

Der stimmlose s-Laut wird mit „ss" geschrieben, wenn ihm ein kurzer betonter Vokal (Selbstlaut) vorausgeht und es keine verwandten Wörter mit „s" gibt.

▼ Ass, (wir haben) besessen, Biss, Boss, (du) fasst, Flüsschen, gefasst, hissen, (du) isst, Kasse, (sie) küsst, (ich) muss, nass, Pass, (es) passt, Stuss, vermissen

Ausnahmen: Endungen „-(n)is", „-as", „-os" und „-us"

Sie enthalten ein stimmloses „s" und werden mit einfachem „s" geschrieben, obwohl ein Kurzvokal vorliegt und kein verwandtes Wort mit „s" vorhanden ist. Im Plural ergeben sich hingegen wieder „ss"-Formen (hier in Klammern).

▼ -(n)is: Ereignis (Ereignisse), Gefängnis (Gefängnisse),
Ibis (Ibisse), Kürbis (Kürbisse), Versäumnis (Versäumnisse),
Zeugnis (Zeugnisse)

-as/-os/-us: Ananas, Atlas („Atlasse" neben „Atlanten");
Albatros (Albatrosse);
Krokus (Krokusse), Globus („Globusse" neben „Globen")

Schreibung von „das" und „dass"

Die „das"- bzw. „dass"-Schreibung gehört natürlich auch dazu, wenn es um die Schreibungen „s", „ß" und „ss" geht. Du erinnerst dich sicher: Während das mit einem einfachen „s" geschriebene „das" immer (1) ein Artikel (Begleiter) oder (2) ein Pronomen (Fürwort) ist, stellt das mit „ss" geschriebene „dass" (3) eine Konjunktion (ein Bindewort) dar, mit der ein Nebensatz eingeleitet wird.

▼ (1) Für die Radtour leihen wir uns **das** Rad von Sara.

(2) Paul zeigt auf das Zitroneneis und sagt: „Ich möchte nur **das**."
(Demonstrativpronomen = hinweisendes Fürwort)
Das Bild, **das** mir ausgesprochen gut gefällt, gehört den Eltern meines Freundes. (Relativpronomen = bezügliches Fürwort)

(3) Ich glaube, **dass** mein Pony viel mehr Auslauf benötigt, als es im Moment bekommt.

Wichtig: Ob „das" oder „dass" geschrieben wird, kannst du also immer nur aus dem Satzzusammenhang erkennen.

Getrennt- und Zusammenschreibung

Neben der Groß- und Kleinschreibung (S. 12–21) gehört auch die Getrennt- und Zusammenschreibung zu den besonderen Schwierigkeiten der deutschen Rechtschreibung. Dabei stellt sich die Frage nach der Getrennt- oder Zusammenschreibung für Wörter, die in einem Text nebeneinander stehen und inhaltlich aufeinander bezogen sind.

Als Normalfall gilt die getrennte Schreibung der Wörter, während die Zusammenschreibung eher als ein Sonderfall zu betrachten ist. Die Rechtschreibreform 1996 hat diese Regelung noch verstärkt, indem sie bei einer Vielzahl von Fällen Zusammenschreibungen aufgehoben hat. So war vor der Reform zum Beispiel darauf zu achten, ob bei einer bestimmten Kombination von Wörtern eine neue, übertragene Bedeutung entstanden war, die dann im Schriftbild kenntlich gemacht sein musste: Bedeutete etwa „sitzen bleiben" so viel wie „den Sitzplatz nicht verlassen", hatte „sitzenbleiben" die Bedeutung von „nicht in die nächste Klasse versetzt werden". Heute trifft man diese Unterscheidung nicht mehr, „sitzen bleiben" schreibt sich immer getrennt.

Trotzdem gibt es noch immer viele Regeln, die bei der Getrennt- und Zusammenschreibung zu beachten sind. Und schließlich gilt trotz all dieser Regeln einmal mehr, dass du im Zweifelsfall immer im Wörterbuch nachschlagen solltest, wie die richtige (Getrennt- oder Zusammen-)Schreibung lautet!

Getrenntschreibung

In der deutschen Rechtschreibung gilt der Grundsatz der Getrenntschreibung, von dem nur nach bestimmten Regeln abgewichen wird. Darüber hinaus gibt es allerdings noch ein paar besondere Getrenntschreibungsregeln.

Nomen (Namenwort) + Verb (Tuwort)
Nomen in Verbindung mit Verben schreibt man getrennt, wenn die Verbindung („Ski laufen" oder „Diät halten") keine Wortgruppe ersetzt. Man kann also zum Beispiel sagen „(ich) laufe Ski" oder „(sie) hält Diät". Vergleiche im Gegensatz dazu „Nomen + Verb", S. 49 f.

> ▼ Du kannst **Kopf stehen**, ich gehe trotzdem auf die Party!
> Tim kann schon **Auto fahren**, obwohl er noch keinen Führerschein hat.

Achtung: Wird eine Verbindung aus Nomen und Verb („Maß halten" oder „Rad fahren") als ein Nomen gebraucht, wird sie zusammengeschrieben.

▼ Das **Maßhalten** muss Opa Frieder erst noch lernen.
Steffi hat sich beim Sportabzeichen fürs **Radfahren** entschieden.

Verb (Tuwort) + Verb

Stets getrennt geschrieben werden zwei nebeneinander stehende Verben (1). Dies gilt auch, wenn das erste Verb als Partizip (Mittelwort) auftaucht (2). Nur so ist zu erklären, dass sich „getrennt schreiben" (also die Aufeinanderfolge von Partizip und Verb) getrennt schreibt, während „zusammenschreiben" (Aufeinanderfolge von Adverb [Umstandswort] und Verb, siehe dazu S. 46) zusammengeschrieben wird! Was zunächst als Widerspruch erscheint, lässt sich daher bei Kenntnis der entsprechenden Regeln begründen.

▼ (1) Corinna will den nervigen Jungen links **liegen lassen**.
Hast du Lust, mit mir **spazieren** zu **gehen**?
Klar, dass du ohne Schneeketten **stecken geblieben** bist!
Kinder, passt auf, dass euer Drachen nicht **hängen bleibt**!

(2) Auch Partizip und Verb musst du immer **getrennt schreiben**.
Oh Schreck, beim Schulausflug ist der Direktor **verloren gegangen**!
Wenn Oma klassische Musik hört, hasst sie es, **gestört** zu **werden**.

Achtung: Wird Verb + Verb („kennen lernen" oder „gefangen nehmen") als Nomen (Namenwort) gebraucht, wird zusammen- und großgeschrieben.

▼ Beim **Kennenlernen** funkte es sofort zwischen Markus und Jasmin.
Das **Gefangennehmen** des Flüchtigen gestaltete sich als schwierig.

Verbindungen mit „sein"

Alle Verbindungen mit „sein" werden getrennt geschrieben. Diese Regel gilt auch für konjugierte (gebeugte) Formen und Partizipien (Mittelwörter).

▼ Samuel wird **außerstande sein**, sich an den Unfall zu erinnern.
Am Lagerfeuer in der Gruppe **beisammen** zu **sein** ist das Schönste.
Wir sind um halb sechs **da gewesen** (→ da sein).
Als Katharina aus dem Urlaub **zurück war** (→ zurück sein), rief sie an.
Wusstest du, dass die Bäckerei **pleite ist** (→ pleite sein)?

Weitere Verbindungen mit „sein": fertig sein, hinüber sein, inne sein, los sein, vorbei sein, vorhanden sein, zusammen sein, zufrieden sein

Steiger- oder erweiterbares Adjektiv (Wiewort) + Verb (Tuwort)

Adjektive, die man steigern oder erweitern kann, schreibt man in Verbindung mit Verben getrennt. Wenn du also wissen willst, ob zum Beispiel „sauber machen" zusammen- oder getrennt geschrieben wird, reicht es aus, sich zu überlegen, dass man „sauber" mit „sauberer"/„am saubersten" steigern kann und mit Wörtern wie „sehr" oder „ganz" zu „sehr sauber" bzw. „ganz sauber (machen)" erweitern kann; schon weißt du, dass „sauber machen" getrennt geschrieben wird. (Das Wort „nicht" gilt übrigens nicht als Erweiterung.)
In Klammern stehen Beispiele für eine mögliche Steigerung bzw. Erweiterung:

▼ Können Sie bitte **laut reden**?
  (… laut**er** reden)
  Opa hat sich mit ein paar Keksen **zufrieden gegeben**.
  (… **ganz** zufrieden gegeben)
  Ich weiß, dass du den Rückschlag **schwer nimmst**.
  (… **sehr** schwer nimmst)
  Genau genommen versteht Julia überhaupt nichts.
  (**Ganz** genau genommen …)

Achtung: Wird eine Verbindung aus Adjektiv und Verb als Nomen (Namenwort) gebraucht, wird die Verbindung zusammen- und großgeschrieben.

▼ Zum **Saubermachen** ihres Zimmers muss Tea erst überredet werden.
  Das **Schnelllaufen** ist nicht Heinos Stärke.

Wichtig: Neben dem Wort, das du getrennt schreiben willst, gibt es möglicherweise auch eine Zusammenschreibung, die dann aber etwas anderes bedeutet (hier in Klammern). Eine Steigerung oder Erweiterung des Adjektivs wäre in diesem Zusammenhang unsinnig. Vergleiche „Nicht steiger- oder erweiterbares Adjektiv + Verb", S. 49.

▼ Du musst mich **fest halten**, damit ich nicht falle!
(→ **ganz** fest halten, mich also nicht loslassen)
Lasst uns die richtigen Schreibweisen **festhalten**! (= aufschreiben)

Du musst an der Tafel **groß schreiben**!
(→ **größer**, sodass deine Schrift deutlich bzw. klar entzifferbar ist)
Nomen werden **großgeschrieben**! (= mit Großbuchstaben)

Adjektiv (Wiewort) auf das Suffix (die Endung) „-ig", „-isch" oder „-lich" + Verb (Tuwort)

Es gibt eine Reihe von Adjektiven, die auf die Suffixe „-ig", „-isch" oder „-lich" enden: „freud**ig**", „kind**isch**", „freund**lich**" usw. Werden sie von einem Verb gefolgt, so musst du die Getrenntschreibung anwenden.

▼ Die ganze Abiturvorbereitung ist Sabine **lästig gefallen**!
Der Künstler zieht es vor, **plastisch** zu **arbeiten**.
Mein Fehlverhalten ist mir **deutlich gemacht** worden!
Der Papst wird die beiden Märtyrer **heilig sprechen**.
Ich verstehe nicht, wieso du so **mürrisch reagierst**.
Meine Oma trinkt oft **süßlich schmeckende** Weine.

Partizip (Mittelwort) oder Adjektiv (Wiewort) auf das Suffix (die Endung) „-ig", „-isch" oder „-lich" + weiteres Adjektiv

In dem Fall, in dem die auf „-ig", „-isch" oder „-lich" endenden Adjektive mit einem weiteren Adjektiv („ries**ig** groß", „himml**isch** gut" oder „lächer**lich** klein") auftreten, erfolgt die Getrenntschreibung (1). Dies gilt auch, wenn anstelle des ersten Adjektivs ein Partizip („rasend schnell", „gestochen scharf") steht (2).

▼ (1) Im Mittel war das Sommerwetter dieses Jahr nur **mäßig warm**.
Kennst du ein Essen, das als **typisch deutsch** gilt?
Unser 89-jähriger Uropa scheint **ernstlich krank** zu sein.

(2) Laut Werbung wäscht jedes Waschmittel **strahlend weiß**.
Seit dem Streit gibt sich Boris **betont freundlich**.

Zusammengesetztes Adverb (Umstandswort) + Verb (Tuwort)

Für eine Reihe von zusammengesetzten Adverbien gilt, dass sie von auf sie folgenden Verben getrennt geschrieben werden.

▼ Mir sind alle Papiere **abhanden gekommen**!
Marion hatte ihre Rolle sehr gut **auswendig gelernt**.
Lass uns den Streit bitte **beiseite legen**!
In diesen Ferien will unsere Familie **daheim bleiben**.
Die Schlägereien nach dem Spiel drohten **überhand** zu **nehmen**.
Du darfst deiner Schwester doch nicht die Arbeit **zunichte machen**!

Weitere Verbindungen: allein stehen (aber: die allein Stehenden, auch: die Alleinstehenden), anheim stellen, barfuß laufen, jenseits liegen, vonstatten gehen, vorlieb nehmen, zugute kommen, zuteil werden

Tipp: Adverbien mit den Bestandteilen „-einander" und „-wärts" werden immer von den folgenden Verben getrennt geschrieben.

▼ Die beiden Verliebten mussten immer **aneinander denken**.
Beim Volleyball werden die beiden Freunde **gegeneinander spielen**.
Wir wollen das Problem **miteinander lösen**.
Warum hast du die Dosen nicht **übereinander gestapelt**?
Klaus glaubt, dass es nur noch **abwärts gehen** wird.
Sabine zeigte uns, wie sie **rückwärts fahren** konnte.
Kann eine Krabbe nur **seitwärts** oder auch **vorwärts gehen**?

„so"/„wie"/„zu" und „ebenso"/„genauso"/„umso"

Verbindungen aus bestimmten Wörtern („so viel/e", „wie viel/e", „zu viel/e" oder „genauso schnell", „umso besser") werden getrennt geschrieben.

▼ Ich habe nicht gedacht, dass der Film **so lange** dauert!
„Bist du endlich **so weit**?", fragt die startbereite Vera ihre Freundin.
Wie viel Prozent wird die neu gegründete Partei wohl erreichen?
Ingo hört nicht zu, ich kann **ebenso gut** gegen eine Wand reden!

Achtung: Handelt es sich bei „so + Folgewort" um eine Konjunktion (ein Bindewort), wird zusammengeschrieben. Vergleiche auch S. 52 oben.

▼ **Solange** es regnet, bleibt das mobile Dach geschlossen.
Unsere Nachbarn stammen aus Weißrussland, **soviel** ich weiß.
Soweit uns bekannt ist, gehört der neue Bürgermeister keiner Partei an.

Zusammenschreibung

Zusammengeschrieben werden zunächst einmal alle Wörter, die wir auch als „Zusammensetzungen" bezeichnen. Es handelt sich um zusammengeschriebene Wortverbindungen. Wir empfinden sie als ein Wort, das wir auch ohne zu zögern als ein Wort schreiben wollen: „Handball", „Garagentor", „Rasenmäher", „Sonnenuntergang", „Telefonapparat", „Bloßstellung", „Festsetzung", „Fernseher" usw. Neben diesen Zusammensetzungen gibt es aber auch nebeneinander stehende Wörter, die unter bestimmten Bedingungen als ein Wort geschrieben werden.

Zusammengesetzte Adjektive (Wiewörter) oder Partizipien (Mittelwörter)

Adjektive und Partizipien werden häufig mit (1) Nomen (Namenwörtern), (2) Verb- (Tuwort-) stämmen, (3) einem anderen Adjektiv oder (4) einem bedeutungsverstärkenden oder -mindernden Bestandteil zusammengeschrieben.

▼ (1) altersschwach, angsterfüllt, anlehnungsbedürftig, bahnbrechend, fingerbreit, freudestrahlend, hitzebeständig, honigsüß, jahrelang, knöchellang, lebensfremd, sonnenarm, vernunftgeleitet, weltbekannt

(2) denkfaul, fahrtüchtig, fernsehmüde, lauffreudig, lernbegierig, röstfrisch, schreibgewandt, trinkfest, werbewirksam

(3) dummdreist, blaugrau, feuchtwarm, gutgläubig, hartgesotten (= abgebrüht), nasskalt, schwarzweiß, taubstumm

(4) bitterkalt, brandaktuell, erzkonservativ, extrastark, gemeingefährlich, grundehrlich, hellgrün, hyperaktiv, lauwarm, stockbetrunken, superintelligent, todkrank, ultrahübsch, urgemütlich

Trennbare zusammengesetzte Verben (Tuwörter)

Partikeln (nicht beugbare Wörter), Adjektive (Wiewörter) oder Nomen (Namenwörter) können mit Verben zusammengesetzt werden, zum Beispiel „entgegenlaufen", „totschlagen" oder „teilhaben". Für diese Zusammensetzungen gelten die folgenden Zusammenschreibungsregeln: Partikeln, Adjektive oder Nomen können mit Verben trennbare Zusammensetzungen bilden. Diese Zusammensetzungen werden nur im Infinitiv (in der Grundform), im Partizip I und II (Mittelwort der Gegenwart und Vergangenheit) sowie im Nebensatz zusammengeschrieben, wenn das Verb am Ende steht.

Partikel (nicht beugbares Wort) + Verb (Tuwort)

Partikeln sind nicht flektierbare (beugbare) Wörter wie „ab", „an", „davon", „dazwischen", „drauflos", „durch", „entgegen", „fort", „gegenüber", „herab", „herauf", „herum", „herunter", „hinauf", „hinaus", „mit", „über", „umher", „weg", „wieder", „zu", „zurecht", „zurück", „zusammen", die du auch anderen Wortarten wie zum Beispiel den Präpositionen (Verhältniswörtern) oder Adverbien (Umstandswörtern) zuordnen kannst. Sie können mit Verben zu Wörtern zusammengesetzt werden, für die dann bestimmte Zusammenschreibungsmöglichkeiten gelten:

„umherreisen" (Infinitiv/Grundform), **„umherreisend"** (Partizip I/Mittelwort I), **„umhergereist"** (Partizip II/Mittelwort II), „Oma wunderte sich, dass wir die ganzen Ferien **umherreisten"** (Endstellung im Nebensatz), aber: „Wir **reisten** die ganzen Ferien **umher."**

▼ abräumen: Willst du heute mal den Tisch **abräumen**?
ankommen: In Paris **ankommend**, nehme ich sofort die Metro.
beilegen: Sandras Freunde **legten** den Streit endlich **bei**.
davonstehlen: Robert versuchte sich **davonzustehlen**.
dazwischenreden: **Rede** bitte nicht immer **dazwischen**, Niklas!
hineinstellen: Xaver **stellt** alle Bücher in den Schrank **hinein**.
zuklappen: Patrick hatte vor, das Buch **zuzuklappen**. (Vgl. S. 49 oben.)
zusammenschreiben: Eva hat die Wörter **zusammengeschrieben**.

Achtung: Neben dem Wort, das du zusammenschreiben willst, gibt es möglicherweise auch eine Getrenntschreibung, die dann aber etwas anderes bedeutet (Bedeutung jeweils in Klammern).

▼ Du musst die beiden Wörter **zusammenschreiben**!
(= nicht getrennt schreiben)
Wollen wir den Aufsatz diesmal **zusammen schreiben**?
(= gemeinsam schreiben)
Simon ist noch einmal gut **davongekommen**!
(= aus einer unangenehmen Situation glücklich entkommen)
Die Erkältung ist **davon gekommen**, dass du keine Strümpfe anhattest.
(= die Folge von etwas sein)
Ich möchte dein Vertrauen **wiedergewinnen**.
(= zurückgewinnen)
Meine Lieblingsmannschaft wird **wieder gewinnen**!
(= noch einmal gewinnen)

„zu" + Verb (Tuwort)/Infinitiv (Grundform) nach „zu"
Nicht immer, wenn auf „zu" ein Verb folgt, handelt es sich um eine Zusammensetzung. Es kann auch sein, dass „zu" nur den Infinitiv ankündigt.

▼ Ihr könnt die Hefte **zuklappen**. – Unser Treffen scheint **zu klappen**.
Ali will partout nicht **zunehmen**. – Klara weiß ihren Paps **zu nehmen**.

Nicht steiger- oder erweiterbares Adjektiv (Wiewort) + Verb (Tuwort)
Es gibt eine Reihe von Verben, die mit nicht steiger- oder erweiterbaren Adjektiven zusammengesetzt werden: „bloßstellen", „fernsehen" oder „schwarzarbeiten". Im Gegensatz zu den untrennbaren zusammengesetzten Verben (vgl. „Adjektiv + Verb", S. 51) können wir diese Wörter nur in bestimmten Fällen zusammenschreiben:
„bloßstellen" (Infinitiv/Grundform), **„bloßstellend"** (Partizip I/Mittelwort I), **„bloßgestellt"** (Partizip II/Mittelwort II), „ich finde, dass die Mitspieler Mathis **bloßstellten"** (Endstellung im Nebensatz), aber: „Sie **stellten** Mathis **bloß**."

▼ bereithalten: Die Polizisten mussten sich für den Einsatz **bereithalten**.
freisprechen: Der Angeklagte wurde **freigesprochen**.
hochrechnen: Wir **rechneten** die Miete auf das Jahr **hoch**.

Achtung: Bevor du Adjektiv und Verb zusammenschreibst, überlege, ob das Adjektiv nicht steiger- oder erweiterbar ist. Es kann zum Beispiel „ein Verhalten (sehr!) fern liegen", aber man kann nur „fernsehen". (Vgl. S. 44!)

Nomen (Namenwort) + Verb (Tuwort)
Es gibt Verben, die mit folgenden teilweise verblassten Nomen zusammengesetzt werden: „heim-", „irre-", „preis-", „stand-", „statt-", „teil-", „wett-" und „wunder-". Im Gegensatz zu den untrennbaren zusammengesetzten Verben (vgl. „Nomen + Verb", S. 51) können wir diese Wörter nur in bestimmten Fällen zusammenschreiben:
„preisgeben" (Infinitiv/Grundform), **„preisgebend"** (Partizip I/Mittelwort I), **„preisgegeben"** (Partizip II/Mittelwort II), „der Angriff war so stark, dass die Verteidiger die Anlage **preisgaben"** (Endstellung im Nebensatz), aber: „Sie **gaben** die Anlage **preis**."

▼ heimbringen: Chris hat mich gestern mit dem Auto **heimgebracht**.
irreführen: Stefanie versuchte Sebastian **irrezuführen**.
kopfrechnen: Malte kann von Mal zu Mal besser **kopfrechnen**.
teilnehmen: Unsere ganze Abteilung **nahm** an der Rallye **teil**.

> heim-, irre-, preis-, stand-, statt-, teil-, wett-, wunder- ... Gibt's noch mehr Nomen, die mit Verben trennbare Zusammensetzungen bilden und zusammengeschrieben werden?

> Nur untrennbare, zum Beispiel, wenn Nomen und Verb eine Wortgruppe ersetzen ...

> ... „kopfrechnen" ersetzt „im Kopf rechnen", „bauchlanden" ersetzt „auf dem Bauch landen" oder „wettlaufen" ersetzt „um die Wette laufen".

> Da ich nicht „auf dem Kopf" stehe, sondern „Kopf stehe", schreibt man „Kopf stehen" auseinander ...

> Und weil du bei mir „Rat suchst", schreibt man „Rat suchen" getrennt.

> Hauptsache, wir bleiben zusammen ...

Tipp: In vielen Fällen wird aber gerade dann, wenn ein eindeutig erkennbares Nomen (Namenwort) mit einem Verb (Tuwort) kombiniert wird, die Getrenntschreibung angewandt.

Beispiele sind „Rad fahren", „Auto fahren", „Eis laufen", „Halt machen", „Schuld tragen", „Leid tun", „Ski laufen", „Schlange stehen", „Angst haben", „Maß halten", „Feuer fangen" oder „Not leiden". Vergleiche auch das Kapitel zur Getrenntschreibung „Nomen + Verb", S. 42.

Untrennbare zusammengesetzte Verben (Tuwörter)

Es gibt eine Reihe von Wörtern, die untrennbare Zusammensetzungen mit Verben darstellen. „Untrennbar" heißt in diesem Zusammenhang, dass diese Wörter in allen Wortformen zusammenstehen und deshalb auch zusammengeschrieben bleiben, so zum Beispiel bei „wetteifern" mit Wortformen wie „(ich) wetteiferte" oder „(ich habe) gewetteifert". Diese Verben stellen also eine Besonderheit dar, wenn du daran denkst, dass so viele andere Verben nicht untrennbar sind, wie „wegnehmen" (→ „ich nahm weg"), „hineinkommen" (→ „geh doch hinein"). Vergleiche auch S. 47 unten.

Partikel (nicht beugbares Wort) + Verb (Tuwort)

Im Gegensatz zu trennbaren Zusammensetzungen von Partikel und Verb (S. 48) können mit Partikeln zusammengesetzte Verben auch untrennbar sein.

▼ durchbrechen: Die Angreifer haben den Wall **durchbrochen**.
hintergehen: Die beiden Diebe **hintergingen** die alte Frau.
umfahren: Als das Schiff Kap Horn **umfährt**, setzt ein Sturm ein.

Tipp: Mit bestimmten Partikeln („durch", „hinter", „über", „um", „unter", „wider" und „wieder") zusammengesetzte Verben sind untrennbar, wenn die Betonung auf dem zweiten Bestandteil liegt. Vergleiche auch S. 48.

▼ übersetzen: Tobias über**setzte** den Englischtext ins Deutsche.
Aber: Die Fähre wird gleich **über**setzen, sie setzt im Stundentakt **über**.

unterstellen: Dass du mir eine Lüge unter**stellst**, finde ich unglaublich!
Aber: Jeder will sich bei Regen **unter**stellen, auch Jo stellt sich **unter**.

Adjektiv (Wiewort) + Verb (Tuwort)

Im Gegensatz zu trennbaren Zusammensetzungen von Adjektiv und Verb (S. 49) können mit Adjektiven zusammengesetzte Verben auch untrennbar sein.

▼ langweilen: Während der Feier **langweilen** wir uns noch zu Tode!
liebkosen: Sieh mal, wie Jennifer ihre Katze **liebkost**!
vollbringen: Thomas **vollbrachte** einen sensationellen Sprung.
weissagen: Gestern hat mir eine Hellseherin die Zukunft **geweissagt**.

Nomen (Namenwort) + Verb (Tuwort)

Im Gegensatz zu trennbaren Zusammensetzungen von Nomen und Verb (S. 49) können mit Nomen zusammengesetzte Verben auch untrennbar sein.

▼ handhaben: Wir **handhaben** den Umzug so, dass alle zufrieden sind.
maßregeln: Endlich sind die Störenfriede **gemaßregelt** worden!
nachtwandeln: Wenn die Zwillinge **nachtwandeln**, knarren die Dielen.
schlussfolgern: Der Prüfling **schlussfolgerte** die richtige Lösung.

Achtung: Einige untrennbare Zusammensetzungen werden fast nur im Infinitiv (in der Grundform), als Nomen und nur in Einzelfällen im Partizip (Mittelwort) gebraucht, zum Beispiel:
„bauchreden", „bergsteigen", „brustschwimmen", „notlanden", „seiltanzen", „sonnenbaden", „wettlaufen"

Zusammenschreibung von Wörtern mit dem Bestandteil „irgend-"

Seit der Rechtschreibreform 1996 werden alle Wörter mit dem Bestandteil „irgend-" zusammengeschrieben: „irgendwann", „irgendwie", „irgendetwas", „irgendjemand", „irgendein" usw.

▼ Kann mir **irgendeiner** sagen, wann das Training beginnt?
Aber: **Irgend so ein** Sportwart hat mir die falsche Uhrzeit genannt.

Zusammenschreibung der Bestandteile mehrteiliger Adverbien (Umstandswörter), Konjunktionen (Bindewörter) und Präpositionen (Verhältniswörter)

Es gibt eine Reihe von – häufig aus Nomen (Namenwörtern) stammenden – Adverbien, Konjunktionen und Präpositionen, die aus mehreren Bestandteilen bestehen und die zusammengeschrieben werden.

▼ **Adverbien:** bergab, bergauf, diesmal, geradewegs, jederzeit, kopfüber, seinetwegen, tagsüber, umständehalber, vielmals, zuliebe, zweifelsohne, zweimal

Konjunktionen: infolgedessen, inwiefern, sobald, solange, soviel, soweit (vgl. auch „so"/„wie"/„zu" …, S. 46)

Präpositionen: anhand, infolge, inmitten

Zusammenschreibung von Wörtern, bei denen ein Bestandteil als selbständiges Wort nicht vorkommt

Du kennst vermutlich einige der Wörter, deren erster oder zweiter Bestandteil nicht als selbständiges Wort auftritt. Auch diese Wörter werden immer zusammengeschrieben.

▼ Unser neuer Vereinstrainer ist sehr **wissbegierig**.
Lars hat Inga **letztmalig** beim Tanzturnier gesehen.
Unser neuer Gartennachbar erweist sich als äußerst **redselig**.
Nicht alle sind so **großwüchsig** wie die Menschen in Skandinavien.

Schreibung mit Bindestrich

Der Bindestrich dient in der deutschen Rechtschreibung vor allem dazu, die einzelnen Bestandteile von Zusammensetzungen oder Aneinanderreihungen deutlich hervorzuheben und zu verknüpfen: „der dass-Satz", „die Kann-Bestimmung", „etwas be-greifen", „die Ich-Erzählung", „der Vor-Denker", „die Hoch-Zeit des Barock" usw. Besser als bei der Zusammenschreibung wird dem Leser auf diese Weise der Aufbau eines Wortes klar gemacht, außerdem erhöht sich möglicherweise die Lesbarkeit des entsprechenden Wortes: „Kaffee-Ernte" (statt „Kaffeeernte"), „die schwarz-rot-goldene Fahne" (statt „die schwarzrotgoldene Fahne"), „Allee-Einfassung" (statt „Alleeeinfassung"), „See-Elefant" (statt „Seeelefant"), „Tee-Ei" (statt „Teeei") usw.

In bestimmten Fällen kann durch die Bindestrich-Benutzung auch ein Miss-verständnis vermieden werden, so etwa bei „das Musik-Erleben", das ohne Bindestrich auch als „Musiker-Leben" interpretiert werden könnte, oder bei „Druck-Erzeugnis", das etwas anderes ist als ein „Drucker-Zeugnis".

Zusammensetzungen und Aneinanderreihungen mit Einzelbuchstaben, Ziffern und Abkürzungen

Hier kann es auch zu Worten mit mehreren Bindestrichen kommen.

▼ Dehnungs-h, Fugen-s, i-Punkt, A-Dur-Tonleiter, x-beliebig, T-Shirt, y-Achse; 3-mal, 28-jährig, der 28-Jährige, 2-kg-Packung, 3-Zimmer-Wohnung, 38,5-Stunden-Woche, 100-prozentig, 6-Zylinder-Motor, 55-Cent-Briefmarke; LKW-Fahrer, Kfz-Papiere, ICE-Zug-Schaffnerin, Fußball-WM-Teilnehmer

Zusammensetzungen und Aneinanderreihungen beim Nomen- (Namenwort-) gebrauch

Sehr häufig wird der Bindestrich bei (1) nominalisierten Wortgruppen oder (2) mehrteiligen Infinitiven (Grundformen) gebraucht.

▼ (1) das Sowohl-als-auch, das Entweder-oder, das Make-up, die Wort-für-Wort-Übersetzung, die Do-it-yourself-Bewegung, die Berg-und-Tal-Bahn

(2) das In-die-Wege-Leiten, das In-Kraft-Treten, das Von-der-Hand-in-den-Mund-Leben, das Über-den-Durst-Trinken, das In-den-Tag-hinein-Leben, das Auf-die-lange-Bank-Schieben

Achtung: Einfache Zusammensetzungen mit Infinitiven wie „das Radfahren", „das Ballspielen" oder „das Diktatschreiben" werden ohne Bindestrich geschrieben.

Zusammensetzungen bei Eigennamen

Der Bindestrich wird häufig in Zusammensetzungen benutzt, in denen Eigen-namen auftreten. Dies trifft allerdings nicht bei den Ortsnamen-Zusätzen „Bad" oder „Sankt" (z. B. „Sankt Andreasberg") zu.

▼ Geschwister-Scholl-Platz, Georg-Büchner-Preis, Rhein-Main-Donau-Kanal, Hans-Dieter von Maier-Schulze, Hans-Geiger-Gymnasium, Friedrich-Schiller-Straße, Claudius-Gesamtausgabe, Schleswig-Holstein

Schreibung mit Ergänzungsstrich

Neben dem Bindestrich (vgl. „Schreibung mit Bindestrich", S. 52 f.) gibt es den so genannten Ergänzungsstrich. Er wird benutzt, wenn in mehreren Wörtern ein gemeinsamer Bestandteil nur einmal genannt werden soll. Dabei ist es egal, ob der Ergänzungsstrich (1) den letzten, (2) den ersten oder (3) den ersten und den letzten Bestandteil betrifft.

▼ (1) Sonn- und Feiertage, Hin- und Rückfahrt,
   Groß- und Kleinschreibung, Kinder- und Hausmärchen,
   Getrennt- und Zusammenschreibung

   (2) bergauf und -ab, Reformbefürworter und -kritiker

   (3) Textilgroß- und -einzelhandel, Warenaus- und -eingang

Fremdwörterschreibung

Im Bereich der Fremdwörterschreibung gelten zum Teil andere Rechtschreibregeln als für die übrige deutsche Orthographie, worauf in anderen Abschnitten dieses Heftes sehr häufig hingewiesen wird. In diesem Kapitel werden die Fremdwörter nun getrennt von deutschen Wörtern behandelt, damit du die speziellen Eigenheiten an **einer** Stelle findest.

Es stellt sich zunächst die Frage, was überhaupt ein Fremdwort ist. Sind Wörter wie „Fenster" oder „Natur" als Fremdwörter zu bezeichnen, weil wir genau wissen, dass sie aus der lateinischen Sprache zu uns gekommen sind? Wir kennen diese Beispielwörter auch aus anderen Sprachen, so aus dem Französischen, wo diese beiden Wörter „(la) fenêtre" bzw. „(la) nature" lauten. Auch im Englischen stoßen wir auf das Wort „nature", und so wird sehr deutlich, dass die beiden Beispielwörter offenbar nicht deutschen Ursprungs sind, zumal wir wissen, dass unsere Nachbarn sie nicht von uns übernommen haben.

Du wirst vermutlich dennoch weder „Fenster" noch „Natur" als Fremdwort einordnen, womit du auch Recht hast. Obwohl beide ursprünglich lateinischen Wörter **fremder** Herkunft sind, bezeichnen wir sie nicht als **Fremdwort**, sondern als **Lehnwort**, was bedeutet, dass wir sie aus einer anderen Sprache entlehnt, das heißt übernommen und dann ins Deutsche integriert haben. Wir haben sie in ihrer Schreibung und Aussprache der deutschen Sprache angepasst und merken jetzt von ihrer fremdsprachigen Abstammung nichts mehr.

Das ist mit Fremdwörtern anders: Auch sie sind aus einer anderen Sprache, einer Fremdsprache, übernommen worden, haben aber in ihrer Aussprache und/oder Schreibweise ihren fremden Charakter behalten, ohne sich der neuen Umgebung anzugleichen. Dabei spielt es keine Rolle, aus welcher Sprache sie gekommen sind: Ob das englische „Camping", das französische „Trottoir", das italienische „Giro-Konto" oder das griechische „Philosophie" – alle diese Fremdwörter zeigen deutlich, dass sie ihre Eigenständigkeit bewahrt haben und sich sowohl von der deutschen Aussprache als auch von der deutschen Rechtschreibung unterscheiden. Auch an besonderen Endungen oder Betonungen kann man Fremdwörter häufig erkennen: So ist die Endung „-ion" in Wörtern wie „Information" oder „Diskussion" sehr typisch, und auch die Betonung der Endsilbe in Beispielen wie „Bü**ro**", „Dik**tat**" oder „pri**vat**" unterscheidet sich von der deutschen Standardbetonung der ersten Silbe eines Wortstammes: „**Hü**gel", „**Vo**gel", „**Rah**men" usw.

Annäherung an deutsche Schreibweisen und Bildung von Parallelschreibungen

Die in der deutschen Sprache auftretenden Fremdwörterschreibungen sind deshalb so vielgestaltig, weil die Fremdwörter seit vielen Jahrhunderten und aus den verschiedensten Sprachen in den deutschen Wortschatz gelangt sind. Als „Gebersprachen" kennst du sicher das Lateinische, das Französische, das Englische, das Italienische und das Griechische (vgl. auch Einführungstext), aber es existieren auch noch andere wie zum Beispiel die slawischen Sprachen, die ihre Spuren im Deutschen hinterlassen haben. Nicht zuletzt seit der Rechtschreibreform von 1996 kommt es aber bei einer Reihe von häufig gebrauchten Fremdwörtern zunehmend zu einer Annäherung an deutsche Schreibweisen und zur Bildung von Parallelformen:

▼ „F/f" oder „Ph/ph":
Del**ph**in/Del**f**in, **F**oto/**Ph**oto, **F**otografie/**Ph**otogra**ph**ie, Gra**ph**ologe/Gra**f**ologe, Mikro**f**on/Mikro**ph**on, Orthogra**ph**ie/Orthogra**f**ie, quadro**ph**on/quadro**f**on

„ä" oder „ai":
Drä**n**age/Dr**ai**nage, Majon**ä**se/Mayonn**ai**se, Necess**ai**re/Nessess**är**, Polon**ä**se/Polon**ai**se (wie bisher auch schon Sekretär, Militär usw.)

▼ „g" oder „gh":
Ge**tt**o/**Gh**etto, Jo**gh**urt/Jo**g**urt, Spa**gh**etti/Spa**g**etti (wie bisher auch schon Finn-Din**gi** usw.)

„ee" oder „é/ée":
Boucl**é**/Buk**lee**, Chicor**ée**/Schikor**ee**, Drag**ee**/Drag**ée**, Expos**ee**/Expos**é**, Kommuniqu**é**/Kommunik**ee**, Variet**ee**/Variet**é** (wie bisher auch schon All**ee**, Arm**ee**, Hasch**ee**, Komit**ee**, Resüm**ee** usw.)

„ss" oder „c":
Fa**c**ette/Fa**ss**ette, Ne**c**essaire/Ne**ss**essär (wie bisher auch schon Fa**ss**ade, Fa**ss**on, Ra**ss**e usw.)

„k" oder „qu":
Kommuni**qu**é/Kommuni**k**ee (wie bisher auch schon Eti**k**ett, Li**k**ör usw.)

„Sch/sch" oder „Ch/ch":
An**sch**ovis/An**ch**ovis, **ch**armant/**sch**armant, **Ch**arme/**Sch**arm, **Ch**icorée/**Sch**ikoree, Ket**sch**up/Ket**ch**up, **Sch**eck/**Ch**eck, Sket**sch**/Sket**ch** (wie bisher auch schon Bro**sch**üre, retu**sch**ieren usw.)

„rr" oder „rrh":
Hämo**rrh**oide/Hämo**rr**ide, Kata**rrh**/Kata**rr**, My**rrh**e/My**rr**e

„T/t" oder „Th/th":
Pan**th**er/Pan**t**er, **Th**unfisch/**T**unfisch

„z" oder „t":
Existen**z**ialismus/Existen**t**ialismus, existen**z**iell/existen**t**iell, Poten**z**ial/Poten**t**ial, poten**z**iell/poten**t**iell, substan**z**iell/substan**t**iell

„o" oder „au" und (als Einzelfall) „ee" oder „aie":
S**o**ße/S**au**ce; Portmon**ee**/Portemonn**aie**

Tipp: Bei diesen Wortpaaren steht die Hauptform immer vor dem Schrägstrich und die Nebenform dahinter.

Achtung: Es fällt auf, dass in vielen dieser Parallelformen gleich mehrere Eindeutschungen auftreten und dass sich die Unterschiede zwischen zwei Varianten häufig auf mehr als einen Buchstaben bzw. Laut ausdehnen. Du musst dir die verschiedenen Schreibweisen dieser Wörter daher gut merken, damit dir keine „Mischformen" unterlaufen!

Fremdwörter aus anderen Sprachen

Sehr zahlreich sind im Deutschen Fremdwörter aus dem Lateinischen, die hier aber nicht besonders behandelt werden, weil mit ihrer Schreibung in der Regel nur wenig Schwierigkeiten verbunden sind. Die Schreibung entspricht der Lautung, zum Beispiel „-ion" in „Station". Dies ist auch bei „-iv" oder „-ive" („Genitiv", „inklusive") der Fall. Bei kurz gesprochenen Vokalen vor „k" („aktiv", „Sekte", „strikt", „Doktor", „strukturieren") musst du allerdings daran denken, dass im Gegensatz zum Deutschen in diesen Fällen auf den kurzen Vokal kein „ck" folgt. (Vgl. dazu auch „Die ‚k'-Schreibung nach einem Kurzvokal in Fremdwörtern", S. 27.)

Fremdwörter aus dem Englischen (Anglizismen)

Besonders zahlreich sind im Deutschen neben den Wörtern lateinischer Herkunft die Fremdwörter aus der englischen Sprache. Sie sind meist in neuerer Zeit zu uns gekommen und werden auch als Anglizismen oder Angloamerikanismen bezeichnet. Wenn du zum Beispiel an die Computersprache denkst, wird dir deutlich, wie viele Wörter aus dem Englischen in unserer Sprache Einlass gefunden haben. Charakteristisch für Anglizismen sind die Buchstabenfolgen „sh", „ea" und „y".

▼ Sh-: **Sh**ampoo, **Sh**erry, **Sh**op, **Sh**orts, T-**Sh**irt

-ea-: D**ea**ler, Dr**ea**mteam, F**ea**ture, J**ea**ns, T**ea**m

-y: Bab**y**/Bab**ys**, Bod**y**building, Cit**y**/Cit**ys**, Hobb**y**/Hobb**ys**, Lad**y**/Lad**ys**, Part**y**/Part**ys**, Pon**y**/Pon**ys**

Fremdwörter aus dem Französischen

Aus der französischen Sprache sind viele Wörter ins Deutsche gelangt, häufig schon in früheren Jahrhunderten. Wie in den Anglizismen (vgl. oben) gibt es auch in den Fremdwörtern aus dem Französischen mit zum Beispiel „eur", „ette", „age" oder „ee" typische Buchstabenfolgen, wenn sie auch häufig schon (teil-)integriert wurden bzw. werden (vgl. S. 56 f.).

▼ -eur: Fris**eur** (Frisör), Ingeni**eur**, Installat**eur**, Redakt**eur**

-ette: Kass**ette**, Pinz**ette**, Tabl**ette**, Toil**ette**, Zigar**ette**

-age: Blam**age**, Et**age**, Gar**age**, Mont**age**, Spion**age**

-ee: All**ee**, Arm**ee**, Gel**ee**, Kaff**ee**, Klisch**ee**, Tourn**ee**

Fremdwörter aus dem Griechischen

Fremdwörter aus der griechischen Sprache sind im Gegensatz zu den Anglizismen (vgl. S. 58) in der Regel schon vor langer Zeit ins Deutsche gelangt. Typische Schreibweisen sind die Buchstabenfolgen „ph", „th" und „rh".

▼ Ph-/-ph-: Atmos**ph**äre, Mor**ph**em, **Ph**armazie, **Ph**ase, **Ph**ilharmonie

Th-/-th-: **Th**ema, **Th**eorie, Rhy**th**mus

Rh-: **Rh**euma, **Rh**ythmus

Tipp: Aber nicht nur Buchstabenfolgen, sondern ganze Wortteile (Morpheme) sind aus der griechischen Sprache ins Deutsche übernommen worden. Dazu zählen „mono-", „-archie", „-gramm" sowie „-logie" und „-skop".

▼ **Mono**log, An**archie**, Auto**gramm**, Bio**logie**, Horo**skop**

Wortbausteine und Silbentrennung

Wortbausteine

In der deutschen Sprache gibt es einerseits einteilige Wörter wie „und", „er", „Haus", „Dorf", „Spiegel" oder „Blume", andererseits existieren auch mehrteilige Begriffe wie „nachdenklich", „Handtasche", „kindlich" oder „Traurigkeit". Je nachdem, wie diese mehrteiligen Wörter gebildet sind, unterscheidet man in Ableitungen und Zusammensetzungen.

Ableitungen

Bei der Ableitung werden neue Wörter durch Präfixe (vorangestellte Wortbausteine) und/oder Suffixe (nachgestellte Wortbausteine) gebildet. Für die Rechtschreibung ist es sinnvoll, dass du dir die Schreibung dieser Wortbausteine gut einprägst.

Achtung: Treffen bei Ableitungen durch Präfixe zwei gleiche Buchstaben aufeinander, bleiben beide erhalten: „**bee**nden", „**ent**täuschen", „**err**echnen", „**verr**eisen" usw.

▼ **Präfixe** (in alphabetischer Reihenfolge):

Be-/be-:	bekommen, beschließen, Besitz, Betrieb
Ent-/ent-:	entbehrlich, Entdeckung, entführen, entwerfen
Er-/er-:	erreichen, Ersatz, Erwerb, erziehen
Ge-/ge-:	Gefühl, gehorchen, Getränk, Gewimmel
Miss-/miss-:	Missachtung, missbilligen, misshandeln, missgelaunt
Un-/un-:	unabhängig, unbedeutend, Ungeduld, Unschuld
Ur-/ur-:	uralt, urgemütlich, Ursache, urwüchsig
Ver-/ver-:	Verfolgung, verraten, vertiefen, vertraut
Zer-/zer-:	zerpflücken, zerschlagen, zerstreut, Zersetzung

Tipp: Vorsilben, die auch als eigenständige Wörter existieren, kennst du sicher auch, z. B. „her-", „hin-" oder „vor-" („heraus", „herbringen", „herüber"; „hinein", „Hinfahrt", „hinlegen"; „vorbildlich", „vorher", „Vorsorge").

Natürlich gibt es auch fremdsprachliche Präfixe, z. B. „in-", „dis-" oder „ko-" („inaktiv", „disqualifizieren", „Kooperation").

▼ **Suffixe** (in alphabetischer Reihenfolge):

-bar:	brauchbar, denkbar, lenkbar, zählbar
-e:	Güte, Höhe, Süße, Treue; auch: (die) Schreibe
-er(ei):	Bauer, Bohrer, Metzgerei, Denker, Lehrer, Trinkerei
-haft:	gewissenhaft, sprunghaft, tugendhaft, zauberhaft
-heit:	Dummheit, Freiheit, Gleichheit, Weltoffenheit
-ig:	bedürftig, freudig, kantig, kernig, mächtig, sonnig
-in:	Köchin, Optimistin, Schneiderin, Übersetzerin
-isch:	kindisch, moralisch, sympathisch, tragisch
-keit:	Eitelkeit, Heiterkeit, Traurigkeit, Vergänglichkeit, Wirksamkeit
-lich:	ähnlich, freundlich, kindlich, neulich, persönlich
-ling:	Flüchtling, Frischling, Rohling, Säugling
-los:	freudlos, gedankenlos, ideenlos, teilnahmslos
-nis:	Gefängnis, Kenntnis, Missverständnis, Zeugnis
-sam:	bedeutsam, biegsam, seltsam, unterhaltsam
-schaft:	Bereitschaft, Gemeinschaft, Leidenschaft, Partnerschaft
-tum:	Altertum, Eigentum, Irrtum, Reichtum
-ung:	Forderung, Ordnung, Trennung, Vergünstigung

Tipp: Die Suffixe „-heit", „-keit", „-nis", „-schaft", „-tum" und „-ung" sind Nomensignale (wie Verkleinerungen auf „-chen" und „-lein": „Liebchen", „Kindlein"), und du weißt: Namenwörter schreibt man immer groß!

Das „-e" von „Treue" oder „Liebe" kann man nicht abtrennen, aber alle anderen nachgestellten Wortbausteine schon, oder?

Ne! Nur wenn „-er", „-ig", „-in", „-isch" oder „-ung" auf einen Vokal folgt! Man trennt sonst den Konsonanten davor mit ab: „Spie-le-rin".

Ty-pisch! – Ziemlich *kräf-tig* das Mädchen, oder?

Das ist eine Frage der *Anschau-ung* …

Zusammensetzungen

Im Gegensatz zu anderen Sprachen, so etwa zum Französischen, gibt es im Deutschen zahlreiche Zusammensetzungen, also Wörter, die aus mehreren Einzelwörtern zusammengesetzt sind. Sie werden zusammengeschrieben und bestehen jeweils aus einem Grundwort, das an letzter Stelle steht und die Wortart angibt, und einem (oder mehreren) davor angesiedelten Bestimmungswort/-wörtern.

Tipp: Das Grundwort bestimmt darüber, ob die Zusammensetzung groß- oder kleingeschrieben wird, z. B. „hitverdächtig" (= Nomen „[der] Hit" + Adjektiv „verdächtig") oder „Singvogel" (= Verb „singen" + Nomen „[der] Vogel").

▼ Schrankwand = Nomen (Namenwort) + Nomen

Autoreifenpanne = Nomen + Nomen + Nomen

Metallindustriestandort = Nomen + Nomen + Nomen + Nomen

haushoch = Nomen + Adjektiv (Wiewort)

Kurzschluss = Adjektiv + Nomen

feuchtkalt = Adjektiv + Adjektiv

Tragetasche = Verb (Tuwort) + Nomen

Gegenwind = Präposition (Verhältniswort) + Nomen

Für die Rechtschreibung sind diese Zusammensetzungen kein Problem, da sie in einem Wort geschrieben werden. In weniger klaren Fällen schlage unter „Getrennt- und Zusammenschreibung" (S. 42–54) nach.

Silbentrennung

Bei der Silbentrennung am Zeilenende geht es nicht um die Bestandteile eines Wortes, aus denen es gebildet wurde, sondern um seine klangliche Gliederung. Im Allgemeinen werden Wörter nämlich nach Sprechsilben getrennt, also nach Silben, die sich bei langsamem Sprechen ergeben. Dabei kann auch ein einzelner Vokal (Selbstlaut) eine Sprechsilbe bilden und abgetrennt werden; steht er allerdings am Wortende, wird nicht getrennt, ebenso wenig bei einsilbigen Wörtern („Tisch", „kannst", „Schwamm").

▼ Bo-xer, ei-lig, ei-ne, Fens-ter, freund-lich, Mee-re, na-iv, set-zen, Steu-ern, we-nig, be-su-chen, or-ga-nisch, ra-di-kal, Fei-er-a-bend, Leh-rer-zim-mer, Wo-chen-en-de, Ra-di-o-we-cker, Au-ßen-po-li-tik

Trennung einfacher Wörter

Die Silbentrennung einfacher, d. h. nicht zusammengesetzter, deutscher Wörter nimmst du so vor, dass ein einzelner Konsonant (Mitlaut) in die neue Zeile kommt (1). Bei mehreren Konsonanten hintereinander kommt nur der letzte in die neue Zeile (2).

▼ (1) A-bend, A-mei-se, Ei-mer, o-der, rei-ben, ru-fen

(2) Emp-fang, Fäs-ser, Kas-se, knusp-rig, nied-rig, ras-ten, Run-de, rutsch-te, Strümp-fe, Ver-wand-te

Achtung: Bei Zusammensetzungen trennt man nach Wortbausteinen, z. B. „Dörr-ap-fel", aber: „dör-ren", „Fest-akt", aber: „Fes-te" oder „Sitz-e-cke", aber: „sit-zen". (Vgl. auch den letzten Abschnitt unten.)

Trennung von „ck", „sch", „ch", „ph", „th", „rh" und „sh"

Buchstaben in einer Buchstabenverbindung, die als ein Laut gesprochen werden, kannst du nicht voneinander trennen; dazu gehört das „ck", aber auch „sch", „ch", „ph", „th", „rh" und „sh".

▼ Brü-cke, Fla-sche, Bu-che, Stro-phe, Goe-the, Myr-rhe, Ca-shew-nuss

Achtung: Bei zusammengesetzten Wörtern mit „ck" trennt man nach Wortbausteinen, z. B. „Lock-an-ge-bot", aber: „lo-cken" oder „Pack-e-sel", aber: „pa-cken". (Vgl. auch den nächsten Abschnitt.)

Trennung von Zusammensetzungen, Ableitungen mit Präfixen (vorangestellten Wortbausteinen) und häufigen Fremdwörtern

Zusammengesetzte Wörter und Ableitungen mit Präfixen trennt man zwischen den einzelnen Wortbausteinen (1). Wenn du ein Wort nicht mehr als Zusammensetzung erkennen kannst, geht auch die Sprechsilbentrennung (2); das gilt auch für einige häufig verwendete Fremdwörter (3).

▼ (1) be-trei-ben, Ent-wurf, Flug-gast, Ver-kauf

(2) dar-um/da-rum, ein-an-der/ei-nan-der, her-ein/he-rein, hin-auf/hi-nauf

(3) Hy-drant/Hyd-rant, in-ter-es-sant/in-te-res-sant, Ma-gnet/Mag-net, Päd-a-go-gik/Pä-da-go-gik

Tipp: Vorsilben (vgl. „Präfixe", S. 60) kann man immer abtrennen.

Zeichensetzung

Zum richtigen Verfassen von Texten gehört nicht nur, dass du die einzelnen Wörter den Rechtschreibregeln entsprechend schreiben kannst, sondern dass du auch die Gesetze der Zeichensetzung beachtest.

Satzzeichen und die Regeln ihrer Setzung sind Bestandteil der Rechtschreibung und dienen dazu, Texte übersichtlich und gut lesbar zu gestalten. Manchmal helfen sie, Missverständnisse zu vermeiden oder gar eine bestimmte Aussageabsicht des Schreibers zu verdeutlichen.

Man bezeichnet die Zeichensetzung übrigens auch als „Interpunktion", und zwar nach dem lateinischen Wort „interpunctio", das so viel wie „Scheidung (der Wörter) durch Punkte" bedeutet.

Satzschlusszeichen

Zu den „Satzschlusszeichen" gehören der **Punkt** und die **Frage-** und **Ausrufezeichen**. Durch diese Zeichen kennzeichnet man also den Schluss eines ganzen Satzes.

Punkt

Der Punkt steht **am Ende eines Aussagesatzes**.
Dieser enthält – wie der Name schon sagt – eine Aussage oder eine Feststellung, egal ob er (durch andere Satzzeichen) noch weiter untergliedert ist oder nicht.

▼ Jeden zweiten Samstag schaut Carsten sich ein Fußballspiel live an.
Obwohl es regnet, spielen die Nachbarskinder im Garten.

Der Punkt steht auch **nach Ordnungszahlen**.

▼ Kiel, den 25. März
die 4. Stelle hinter dem Komma

Der Punkt steht auch **nach Abkürzungen, die man als Wörter ausspricht**.

▼ usw. (und so weiter)
z. B. (zum Beispiel)

Achtung: Kein Punkt steht nach

– Abkürzungen, die als Buchstabenwörter gesprochen werden (zum Beispiel „TÜV", „PKW" oder „LKW")

– Überschriften und Schlagzeilen in Zeitungen

– Maß-, Gewichts-, Zeit- und Münzeinheiten (wie „m", „cm", „kg", „min" oder „ct")

– Anschriften auf Briefumschlägen

– der Datumsangabe

– der Unterschrift oder Grußformel in Briefen

Fragezeichen

Das Fragezeichen steht **am Ende** von Sätzen, die **Fragen** enthalten. Dabei ist es egal, ob der Satz mehrteilig ist oder nicht (1). Außerdem steht das Fragezeichen nach einzelnen Fragewörtern (2).

▼ (1) Kommst du heute mit mir ins Schwimmbad?
Kennst du den Sänger, den wir eben im Radio gehört haben?
Glaubt Marie eigentlich, was Jan ihr gestern erzählt hat?

(2) Wieso? Wo?

Ausrufezeichen

Das Ausrufezeichen kennzeichnet einen Satz als eine **Aufforderung**, einen **Wunsch** oder einen **Ausruf**. Will man dies ohne besonderen Nachdruck tun, kann man aber auch auf das Ausrufezeichen verzichten und es durch den Punkt ersetzen.

▼ Bezahlen Sie bitte jetzt das Essen! (Aufforderung)
Hätte ich doch bloß mehr Geld gespart! (Wunsch)
Die Vorführung ist ja fantastisch! (Ausruf)

Das Ausrufezeichen findet man auch

– nach der **Anrede im Brief**

▼ Sehr geehrte Frau Müller!
Lieber Matthias!

– nach **Interjektionen** (Ausrufewörtern) und **Ausrufelauten**

▼ Au! Pfui! Hallo!

Komma

Das Komma ist das Satzzeichen, das dir erfahrungsgemäß die meisten Probleme bereitet. Seine Hauptaufgabe besteht darin, den Aufbau von Sätzen zu verdeutlichen, es kann aber auch dazu herangezogen werden, beim Sprechen von geschriebenen Sätzen Pausen zu bezeichnen. Zwar hat die Rechtschreibreform von 1996 einige fehlerträchtige Bestimmungen vereinfacht und die Kommasetzung teilweise in das Ermessen des Schreibers gestellt, doch gelten andererseits immer noch genug verbindliche Regeln, die du unbedingt lernen solltest. Eigentlich sind sie auch gar nicht so schwer zu begreifen!

Das Komma zwischen wörtlicher Rede und nachfolgendem Begleitsatz

Zwischen wörtlicher Rede und einem nachgestellten Begleitsatz steht immer ein Komma, auch wenn der Redesatz mit einem Frage- oder Ausrufezeichen endet. Der Vollständigkeit halber sei noch erwähnt, dass ein Begleitsatz, der in die wörtliche Rede eingeschoben ist, konsequenterweise vorn und hinten durch Kommas abgetrennt wird.

▼ „Fliegst du mit nach Berlin?", fragte mich mein Vater.
„Nun sei nicht gleich eingeschnappt!", rief Sandra.
„Die Überlegungen", führte der Vorsitzende aus, „sind unzutreffend."

Das Komma bei Aufzählungen

Bei Aufzählungen trennt ein Komma entweder gleichrangige Wörter (1), gleichrangige Wortgruppen (2) oder gleichrangige Sätze (3).
Achtung: Sind die gleichrangigen Teile der Aufzählung durch „und", „oder" oder „sowie" verbunden, entfällt das Komma.

▼ (1) Markus, Ralf und Norbert wollen mir beim Zeltaufbau helfen.
Für die Party will Pia CDs, Lampions, Käse sowie Nüsse mitbringen.

(2) Zum Geburtstag wünscht Kai sich eine Karte für ein Play-off-Spiel, seinen Lieblingsfilm auf DVD oder einen Tag im Schwimmparadies. Morgen werden wir an den Strand fahren, mit dem Motorboot ein paar Runden drehen, dann ein wenig baden und schließlich eine Grillfeier veranstalten.

(3) Mein Vater kam zu Besuch, wir haben viel diskutiert und dann sind wir noch ins Kino gegangen. (Vgl. hierzu den Comic auf S. 67.)

Das Komma in Satzreihen

Eine Satzreihe ist eine **Aneinanderreihung von Hauptsätzen**.
Diese Hauptsätze werden voneinander durch Kommas getrennt (1). Wenn sie durch „und", „oder" oder „sowie" miteinander verbunden werden, setzt man in der Regel kein Komma. Man kann jedoch ein Komma setzen, wenn dadurch Missverständnisse ausgeschlossen oder Satzzusammenhänge deutlicher werden (2).

▼ (1) Vera fährt nach Sylt, Chris fliegt nach Rom.
   Andreas fährt zum Baden, aber ich habe keine Lust.
   Morgen beginnen die Ferien, denn nächste Woche ist Ostern.

(2) Vera fährt nach Sylt(,) und nach Rom fliegt Chris. (Vgl. den Comic.)
   Ich lade dich zum Essen ein(,) oder was hältst du davon, wenn wir im Grünen picknicken?

Das Komma in einfachen und komplexen Satzgefügen

Satzgefüge sind Sätze, die aus mehreren Teilsätzen unterschiedlicher Wertigkeit bestehen. Sie enthalten mindestens einen **Hauptsatz** und dazu dann noch beliebig viele **Nebensätze**. Sind die Nebensätze von gleicher Wertigkeit, so spricht man von „einfachen Satzgefügen", sind sie hingegen untereinander auch noch einmal unter- und übergeordnet, so nennt man sie „komplexe Satzgefüge". Dabei ist es egal, ob die Nebensätze Gliedsätze (Konjunktionalsätze) oder Relativsätze (Attributsätze) sind – sie werden immer vom Hauptsatz durch Kommas abgetrennt.

Wichtig: Glied-/Konjunktionalsätze sind die Nebensätze, die durch eine unterordnende Konjunktion (ein Bindewort: „weil", „nachdem", „so dass", „obwohl", „damit" usw.) eingeleitet werden (1), während Relativ-/Attributsätze* die Nebensätze sind, die ein Relativpronomen (bezügliches Fürwort: „das" usw.) enthalten (2). Wichtig zu wissen ist auch, dass nicht nur der Hauptsatz von Nebensätzen durch Kommas abgetrennt wird, sondern auch die Nebensätze untereinander getrennt werden (3), sofern sie nicht durch „oder", „und" oder „sowie" verbunden werden.

*(Attribut = Beifügung)

▼ (1) **Einfache Satzgefüge mit Glied-/Konjunktionalsätzen:**
Edda lernt Niederländisch**, weil** sie einen holländischen Freund hat.
Nachdem wir abreisten**,** wurde das Wetter besser.
Maike gab mir den Schlüssel**, damit** ich ins Haus kam.
Du kaufst dir ein neues Fahrrad**, obwohl** du doch Geld sparen willst und **obwohl** dein altes Rad noch fährt!

(2) **Einfache Satzgefüge mit Relativ-/Attributsätzen:**
Das Boot**, das** ausgebrannt ist, war schon recht alt.
Sabrina trifft die neue Lehrerin**, deren** Unterricht so gut sein soll und **die** auch ihre Klassenlehrerin werden wird.
Wie fahren morgen in den Zoo**, in dem** wir bisher noch nie waren und **über den** so viel Interessantes zu lesen ist.

(3) **Komplexe Satzgefüge:**
Herr Klein fährt heute mit der Bahn**, weil** das Auto**, das** repariert werden muss, noch immer nicht einsatzbereit ist.
Nachdem er die Bücher nicht gefunden hat**,** recherchiert Herr Sauer nun im Internet**, obwohl** dies ein Medium ist**, das** er nicht schätzt.

Tipp: Glied-/Konjunktionalsätze und Relativ-/Attributsätze sind nicht die einzigen Nebensatztypen. Für alle anderen Nebensätze (W-Sätze, Subjektsätze, Objektsätze, uneingeleitete Inhaltssätze u. a.) gelten die gleichen Regeln wie oben, so dass sich die Kommasetzung nicht ändert.

▼ Ich hoffe**, dass du kommst.** (Objektsatz; Objekt = Ergänzung)
Wer das macht, wird bestraft. (Subjektsatz; Subjekt = Satzgegenstand)
Herr Schmitz kennt nicht den Ort**, wo** er jetzt ist. (W-Satz)
Unsere Annahme**, Helga bleibe für länger,** bestätigte sich nicht. (uneingeleiteter Inhaltssatz)

Das Komma in Infinitiv- und Partizipsätzen

Infinitiv- und Partizipgruppen* müssen – auch dann, wenn sie erweitert sind – nicht durch ein Komma vom übrigen Satz abgetrennt werden. Wenn du es trotzdem machen willst, um einen Satz lesefreundlicher zu gestalten, so kannst du es tun (1).

Aber: Du musst Infinitiv- und Partizipgruppen durch ein Komma vom übrigen Satz abtrennen, wenn sie durch andere Wörter angekündigt werden (2), und du solltest sie durch ein Komma vom übrigen Satz trennen, wenn dieser sonst missverständlich wäre (3).

*(Infinitiv = Grundform, Partizip = Mittelwort)

▼ **Infinitivsätze:**

(1) Ich treffe mich mit Tim(,) ohne einen Hindergedanken zu haben.
Um endlich mal zu gewinnen(,) ließ Bruno nicht locker.

(2) Simone dachte nicht **daran,** am Sonntag früh aufzustehen.
Holgers Plan ist **es,** seine Beweisfotos aller Welt zu zeigen.
Ines freut sich **darauf,** morgen Oma zu besuchen.

(3) Jana versprach Mark beim Einkaufen zu helfen. **Was ist gemeint?**

Jana versprach **Mark,** beim Einkaufen zu helfen. **Oder?**
Jana versprach **(einem anderen!),** Mark beim Einkaufen zu helfen.

Partizipsätze:

(1) Vom Regen völlig durchnässt(,) kam ich zu Hause an.
Die Gefahr verkennend(,) fährt Lena auch ohne Schutzhelm Mofa.

Das Komma bei Appositionen (Beisätzen), Einschüben, Zusätzen und nachgeschobenen Erklärungen

Eine Apposition wird immer durch Kommas abgetrennt (1). Genauso ist es, wenn du in einen Satz noch eine andere Zusatzinformation einschieben willst, die nichts mit dem übrigen Satzbau zu tun hat: Sie wird in Kommas (oder in Gedankenstriche) gesetzt (2).

▼ (1) Ich traf Walter, meinen besten Freund, im Park.
Sina kauft sich eine Biographie von Ludwig II., dem Bayernkönig.

(2) Mein Bruder, stark wie immer, gewann das Schachspiel.
Mein Bruder – stark wie immer – gewann das Schachspiel.
Letztes Jahr, es war im Mai, hat Clara ihren Vater getroffen.
Letztes Jahr – es war im Mai – hat Clara ihren Vater getroffen.

Tipp: Wenn ein Zusatz oder Einschub in den übrigen Satzbau grammatikalisch passt, so liegt es an dir, ob du ihn auch als solchen kennzeichnen oder aber zum Bestandteil des übrigen Satzes machen willst.

▼ Ulf hat chininhaltige Medizin, trotz Allergieverdacht, genommen.
Ulf hat chininhaltige Medizin – trotz Allergieverdacht – genommen.
Ulf hat chininhaltige Medizin trotz Allergieverdacht genommen.

Das Komma bei Ausrufen, Anreden, Bejahungen, Verneinungen u. Ä.

Unabhängig davon, ob Ausrufe, Anreden, Bekräftigungen u. Ä. am Satzanfang, in der Satzmitte oder am Satzende stehen, werden sie vom übrigen Satz durch Kommas abgetrennt.

▼ Aua, schon wieder hast du mir wehgetan!
Lass das, Maren!
Wir brauchen von dir, lieber Nils, die nötige Hilfe.
Nein, das sehe ich anders!
Die ganze Sache lohnt sich nicht mehr, schade!

Das Komma vor entgegenstellenden Konjunktionen (Bindewörtern)

Entgegen dem Gebrauch der Konjunktionen „und", „oder" und „sowie" (vgl. „Das Komma in Satzreihen", S. 67) steht in dem Fall, wo entgegenstellende Konjunktionen wie „aber", „doch", „jedoch" oder „sondern" zwischen gleichrangigen Wörtern, Wortgruppen oder Sätzen stehen, immer ein Komma.

▼ Schnee finde ich gut, **aber** Regen nicht.
Alina will kommen, **doch** weiß sie noch nicht, ob heute oder morgen.
Ich mag Karotten, **jedoch** weder Erbsen noch Kohl.
Britta surft nicht im Internet, **sondern** telefoniert.

Das Komma bei angekündigten Wortgruppen

Bei angekündigten Wortgruppen steht immer ein Komma. (Vgl. dazu auch „Das Komma in Infinitiv- und Partizipsätzen", S. 69.)

▼ Rasen zu mähen, **dazu** hatte Bülent keine Zeit.
In Lissabon zu sein, **darauf** freute Frau Zanker sich schon lange.
Ich erinnere **daran,** endlich die Sache zu erledigen.
Anne und Steffi, **beide** wissen genau, was sie tun.
Völlig verunsichert, **so** zeigte sich der eingewechselte Spieler.

Anführungszeichen

Das Anführungszeichen, das du auch unter der Bezeichnung „Gänsefüßchen" kennst, erfüllt drei Hauptzwecke: Es dient der Kennzeichnung der wörtlichen Rede, es dient der Kennzeichnung von Zitaten, also von wörtlich übernommenen Stellen aus anderen Texten, und es dienst der Hervorhebung von bestimmten Teilen eines Textes, so zum Beispiel von Büchertiteln oder einzelnen Wörtern.

Anführungszeichen der wörtlichen Rede

Ein Anführungszeichen steht zu Beginn der wörtlichen Rede unten, ein zweites steht am Ende der wörtlichen Rede oben (1). Wenn ein einleitender Satz, also ein so genannter Begleitsatz, vor der wörtlichen Rede steht, kündigt ein Doppelpunkt diese an; auf die Setzung der Anführungszeichen hat das aber keinen Einfluss, denn die werden deshalb nicht anders gesetzt (2). Auch wenn ein Begleitsatz in die wörtliche Rede eingeschoben und dabei vorn und hinten durch Kommas abgetrennt wird, bleiben die Anführungszeichen immer um die wörtliche Rede herumgruppiert (3).

Achtung: Endet die direkte Rede mit einem Satzschlusszeichen (Punkt, Frage- oder Ausrufezeichen), so steht das abschließende Anführungszeichen hinter diesem Satzschlusszeichen.

▼ (1) „Ich fahre in den Ferien nach Korsika", sagte mein Freund Heiko.
„Wann fährt der nächste Zug?", wollte Lara wissen.
„Sei doch endlich still!", befahl Herr Fos seinem quengelnden Sohn.

(2) Mein Freund Heiko sagte: „Ich fahre in den Ferien nach Korsika."

(3) „Es ist mir ein Rätsel", meinte die Lehrerin zu den Schülern,
„aber ihr habt dieses Mal aufgepasst."

Anführungszeichen bei Zitaten

Genauso wie die wörtliche Rede (siehe oben) werden Zitate, also wörtlich übernommene Stellen aus anderen Texten, in Anführungsstriche gesetzt. Für dich ist das wichtig, wenn du zum Beispiel in einer Interpretation zur Unterstützung deiner Gedanken einen bestimmten Teil eines Textes zitierst.

▼ Meine Ansicht wird dadurch bestärkt, dass Goethe seine Heldin als eine „mutige, entschlossene und vor allem vernünftige Frau" beschreibt.

Anführungszeichen bei hervorgehobenen Textteilen

Anführungszeichen stehen bei Wörtern oder Textteilen, die hervorgehoben werden sollen. Dies gilt besonders für Titel von Büchern, Zeitschriften, Radio- und Fernsehsendungen und für Überschriften von Gedichten und anderen Texten. Auch Wörter oder Wortgruppen, über die man eine Aussage machen will oder die man anders als sonst verstanden wissen möchte, zum Beispiel ironisch, setzt man in Anführungszeichen.

▼ In der 7. Klasse haben wir die Novelle „Der Schimmelreiter" gelesen.
  Der Ausdruck „Ende gut, alles gut" trifft häufig zu, oder nicht?
  Ich habe sechs Wochen nur gearbeitet, das waren tolle „Sommerferien"!

Tipp: In gedruckten Texten findest du auch andere Formen der Hervorhebung, so zum Beispiel **Fett** (wie in diesem HELFER [= weitere Form der Hervorhebung durch Großbuchstaben]) oder *Kursiv*.

Doppelpunkt

Der Doppelpunkt hat die wichtige Aufgabe, auf etwas Kommendes im Text hinzuweisen.

Dies macht er vor der wörtlichen Rede, wenn sie durch einen Begleitsatz angekündigt wird (1), vor Zusammenfassungen und Schlussfolgerungen aus dem vorher Gesagten (2) und vor angekündigten Sätzen, Aufzählungen, Erklärungen und Angaben (3).

▼ (1) Die Eltern fragten: „Wo seid ihr denn bloß gewesen?"

(2) Geld, Juwelen, Uhren und Teppiche: Alles hatten die Diebe während ihrer Einbruchserie mitgenommen.

(3) Die Zugverspätung hatte folgenden Grund: Zwischen Aachen und Köln war ein entwurzelter Baum auf die Oberleitung gestürzt.

Tipp: Zu der Frage, ob nach einem Doppelpunkt groß- oder kleingeschrieben wird, kannst du dir folgende Hauptregel merken: Ist das, was dem Doppelpunkt folgt, ein Satz, so schreibt man groß weiter, und ist das, was dem Doppelpunkt folgt, nur ein Satzstück oder unvollständiger Satz, so schreibt man klein weiter.

▼ Die Sache war klar: Thomas und Rhia hatten sich ineinander verliebt. Für die Reise brauchen wir noch ein paar Dinge: eine Flasche Sonnenmilch, eine Landkarte und Getränke.

Semikolon (Strichpunkt)

Das Semikolon, das auch als Strichpunkt bezeichnet wird, ist ein Satzzeichen, das du in der Regel nicht sehr häufig verwendest. Es hat eine Mittelstellung zwischen dem Punkt und dem Komma (daher auch der Name „Strichpunkt") und wird deshalb oft durch eines dieser beiden Zeichen ersetzt.

Im Gegensatz zu vielen der anderen Satzzeichen gibt es für die Verwendung des Semikolons keine festen und eindeutigen Regeln; es kann stehen, muss aber nicht, und zwar in folgenden Fällen:

– anstelle eines Kommas, wenn die Trennung zwischen zwei Sätzen stärker betont werden soll (1),

– anstelle eines Punktes, wenn zwei Sätze weniger stark voneinander getrennt werden sollen (2),

– wenn in einer Aufzählung einzelne Gruppen gleichrangiger Wörter als zusammengehörig gekennzeichnet werden sollen (3).

▼ (1) Franziska verzichtet auf ihr morgendliches Jogging; das Wetter ist zu schlecht.

(2) In der Sporthalle war noch alles dunkel; ich ging langsam hinein.

(3) Mutti kauft für Weihnachten alles ein: Obst, Fleisch, Gemüse; Schokolade, Printen, Plätzchen; Wein, Bier und alkoholfreie Getränke.

Gedankenstrich

Ähnlich wie beim Semikolon (vgl. S. 73) unterliegt auch das Setzen von Gedankenstrichen keinen festen Regeln. Gedankenstriche treten sehr häufig paarweise auf, weil sie dann einen eingeschobenen Satz oder Satzteil, der vorn und hinten vom übrigen Satz abgetrennt sein muss, kennzeichnen (1). Eine weitere Verwendungsweise des Gedankenstrichs besteht, wenn auf etwas Überraschendes oder Folgendes aufmerksam gemacht werden soll (2). Außerdem kannst du den Gedankenstrich noch verwenden, wenn du den Abbruch der Rede markieren willst (3). (Vgl. „Auslassungspunkte", S. 75.)

▼ (1) Die fußballbegeisterte Sina hat gestern – es war ein Samstag – endlich wieder einmal ein Spiel im Stadion gesehen.
Meine Eltern – immerhin sind sie schon über 50 Jahre alt – turnen in der Sporthalle noch alle Übungen vor.

(2) Den ganzen Tag hatte der alte Herr Klein auf das Kommen seines Sohnes gewartet, und plötzlich – es klingelte an der Tür!

(3) „Um Himmels willen, ich glaube nicht, dass – ", stammelte mein Bruder, als er den Farbeimer umstieß.

Tipp: Gedankenstriche haben für das Vorlesen eines Textes die Aufgabe, Pausen anzuzeigen.

Auslassungen

Lässt man in einem Wort einen oder mehrere Buchstaben aus („Ku'damm" = „Kurfürstendamm"), wird dies durch einen **Apostroph** (ein Auslassungszeichen) gekennzeichnet. Für ausgelassene Teile in einem Wort, Satz oder Text („Alles ist Sch…") setzt man **drei Auslassungspunkte**. Der Vollständigkeit halber solltest du auch den **Ergänzungsstrich** (vgl. S. 54) kennen, der anzeigt, dass derselbe letzte oder erste Bestandteil ausgelassen wurde („Tom ist Fußball- und Eishockey**fan**. Er liebt auch **Ski**springen und -langlauf.")

Apostroph (Auslassungszeichen)
Der „Apostroph" ist nach dem griechischen „apóstrophus" benannt, das so viel wie „abgewandt" oder „abfallend" heißt. Es ist ein kleines Häkchen, mit dem wir den Ausfall eines oder mehrerer Buchstaben kennzeichnen.

Man setzt den Apostroph, wenn Wörter mit Auslassungen ansonsten schwer lesbar oder missverständlich wären und in bestimmten Wörtern mit Auslassungen im Wortinnern (1). Außerdem setzt man den Apostroph, wenn der Genitiv (2. Fall) von artikellos gebrauchten Namen, die auf ein „s", „ss", „ß", „tz", „z" oder „x" enden, gekennzeichnet wird (2).

▼ (1) **Wen'ge** Menschen sind gekommen. **D'dorf** (= Düsseldorf)

(2) Das ist **Hans'** neueste Erfindung!
Habt ihr eigentlich an **Felix'** Geburtstag gedacht?
Aber: … die Erfindung des **Hans**; … der Geburtstag unseres **Felix**

Tipp: Man kann den Apostroph setzen, um Wörter aus der gesprochenen Sprache durchsichtiger zu machen, z. B. „Das war'n (= war ein) Spaß!" Dies gilt auch für (1) Verbformen (Tuwortformen), bei denen z. B. das auslautende „e" weggefallen ist, oder bei (2) Zusammensetzungen von Präpositionen (Verhältniswörtern) und Artikeln (Begleitern).

▼ (1) Ich komm' (= komme) mit dir.
Ich denk' (= denke) nicht dran!
Heute ist's (= ist es) aber kalt.

(2) übern/über'n (= über den), hinterm/hinter'm (= hinter dem)

Auslassungspunkte

Die Auslassungspunkte sind drei aufeinander folgende Punkte. Wie ihr Name schon sagt, dienen sie der Kennzeichnung von im Wort, Satz oder Text ausgelassenen Stellen. Du wirst sie vor allem dann benutzen, wenn du ein Zitat kürzen willst und die Kürzung auf diese Weise markierst. Innerhalb eines Zitates werden die Auslassungspunkte zudem noch in eckige Klammern gesetzt.

▼ Der Schriftsteller sagt dazu: „Die Herausgabe meiner ersten drei Bücher hat sich […] überhaupt nicht gelohnt."

Achtung: Endet ein Satz mit Auslassungspunkten, folgt kein Satzschluss-Punkt mehr, z. B. „Viele Märchen beginnen mit ‚Es war einmal …'"

Klammern

Die eckigen Klammern werden benutzt, wenn man innerhalb eines Zitates Auslassungspunkte einfügt (vgl. oben).

Im Allgemeinen verwendet man die runden Klammern, wenn erklärende Zusätze und Nachträge vom übrigen Text abgegrenzt werden sollen.

▼ Thomas Mann (1875–1955) war ein großer Schriftsteller.

Schrägstrich

Den Schrägstrich kannst du benutzen, um aufeinander folgende Wörter oder Zahlen zusammenzufassen; dies gilt insbesondere für Personen, Organisationen und Jahreszahlen (1). Außerdem kann man mit dem Schrägstrich Größen- oder Zahlenverhältnisse im Sinne von „je" oder „pro" wiedergeben (2).

▼ (1) Die Schüler/Schülerinnen der Josefsschule haben morgen schulfrei.
     Glaubst du, dass die CDU/CSU die Bundestagswahl gewinnt?
     Das Schuljahr 2000/2001 habe ich gut überstanden.

   (2) 100 Einwohner/Stadt

Verzeichnis häufig falsch geschriebener Wörter

Diese „Fehlerwörter" hast du bestimmt schon in verschiedenen Zusammenhängen schreiben müssen. Sie werden erfahrungsgemäß häufig benutzt. Bedenke aber, dass diese Liste kein vollständiges Wörterverzeichnis ist.

Tipp: Trage deine eigenen „Fehlerwörter", falls sie nicht dabei sein sollten, ein.

A, a

_____

_____

_____

ab
ab- (Wortbaustein)
Abend, der
abends
alle(s)
allein
alt
am (= an dem)
an
an- (Wortbaustein)
andere
anders
Angst, die
ängstlich
Antwort, die
antworten
Ärger, der
ärgern
auf- (Wortbaustein)
auf
auf einmal
aus- (Wortbaustein)
außen
außer
außerdem

B, b

_____

_____

_____

be- (Wortbaustein)
befehlen
beide
Beispiel, das
bekommen (vgl. „kommen")
belohnen
Bescheid, der
besser
(ein) bisschen
bleiben
– blieben
bloß
böse
brauchen

C, c

_____

_____

Christ, der
Computer, der

D, d

_____

_____

da
dann
das (= Begleiter, Fürwort)
dass (= Bindewort)
dem (= 3. Fall)
den (= 4. Fall)
denn (= Bindewort)
diesem (3. Fall), diesen (4. Fall)
draußen
dunkel
Durst, der

E, e

_____

_____

_____

eben
ebenfalls
ebenso
eigentlich
ein- (Wortbaustein)
ein
einem (3. Fall), einen (4. Fall)
einmal
Ende, das
endlich
ent- (= Wortbaustein)
entdecken
erschrecken
– erschrak(en)
– erschrocken
erwidern
erzählen
– erzählt(en)
essen
– isst

– aß(en)
Essen, das

F, f

_____

_____

_____

fahren
– fährt
Fahrrad, das
– Fahrräder
Fahrt, die
Fall, der
fallen
– fällt
– fiel(en)
fehlen
Fehler, der
Fernsehen, das
fertig
fressen
– frisst
– fraß(en)
Frühstück, das

G, g

_____

_____

_____

ganz
gar
gar kein
gar nicht
geben
– gib(s)t

– gab(en)
gehen
– ging(en)
geschehen
– geschieht
– geschah(en)
Glück, das
groß(er)
– größer, größte(r)
gucken
– guckt(en)
– geguckt
gut

H, h

_____

_____

_____

haben
– hast
– hat, hatte(n)
– hätte(n)
halten
– hält
– hielt(en)
häufig
Haus, das
her
her- (Wortbaustein)
heran
heran- (Wortbaustein)
heraus
heraus- (Wortbaustein)
herein
herein- (Wortbaustein)
hier

hin
hin- (Wortbaustein)
hinauf
hinauf- (Wortbaustein)
hinaus
hinaus- (Wortbaustein)
hinein
hinein- (Wortbaustein)
hinterher
Hunger, der
hungrig

I, i

_____

_____

_____

ich
Idee, die
ihm (3. Fall), ihn (4. Fall)
ihnen
ihr(e)
ihrem (3. Fall), ihren (4. Fall)
Ihr(e), Ihrem, Ihren
     (= Höflichkeitsanrede)
im (= in dem)
immer
interessant
Interesse, das
interessieren
irgendwann, -was, -wie, -wo

J, j

_____

_____

_____

jung
Junge, der

K, k

_____

_____

_____

kaputt
kein(er)
keinem (3. Fall), keinen (4. Fall)
kennen
– kannte(n)
kennen lernen
klein
kommen
– komm(s)t
– kam(en)
– gekommen
können
– kann(st)
– konnte(n)
– könnte(n)
kriegen
– gekriegt

L, l

_____

_____

_____

lächeln
lachen
lassen
– lass(t)
– lässt
– ließ(en)

leben
Leben, das
Lehrer, der
Lehrerin, die
lernen
lesen
– liest
– las(en)
los
loslassen

M, m

_____

_____

_____

mal
Mal, das
malen
man (= jeder)
mehr
mein, meine
meinem (3. Fall), meinen (4. Fall)
meist
– meiste(n)
meistens
Minute, die
mit
mit- (Wortbaustein)
mitbringen
mitnehmen (vgl. „nehmen")
Mitte, die
Mittel, das
morgen
Morgen, der
morgens
müssen

– muss(t)
– musste(n)

N, n

_____

_____

_____

nachdem
nachmachen
Nachmittag, der
nachmittags
Nachnahme, die
Nachname, der
nächste(n)
nah(e)
nämlich
nehmen
– nimm(st)
– nahm(en)
nicht
nichts

O, o

_____

_____

oder
Ofen, der
Olive, die
Orden, der

P, p

_____

_____

_____

passieren
– passiert(en)
Platz, der
plötzlich

Q, q

_____

_____

quälen
Qualm, der
qualmen
Quast, der

R, r

_____

_____

_____

rauchen
rennen
– rannte(n)
rufen
– rief(en)
Ruhe, die
ruhig

S, s

_____

_____

_____

Sache, die
sagen
– sagt(en)
Saite, die (z. B. bei der Gitarre)

schaffen
schlecht
schließen
– schloss
– geschlossen
schließlich
schlimm
Schloss, das
Schluss, der
schön
Schreck, der
schrecklich
schreien
schwarz
sehen
– sieh(s)t
– sah(en)
sein
seinem (3. Fall), seinen (4. Fall)
Seite, die (z. B. im Buch)
selbständig, selbstständig
sie
Sie (= Höflichkeitsanrede)
sitzen
– saß(en)
– gesessen
sollen
– soll(st)
– sollte(n)
Spaß, der
spazieren
– spaziert(en)
stehen
– stand(en)
Stein, der
Stelle, die
stellen

– stellt(en)
– gestellt
Stück, das

T, t

_____

_____

_____

Tag, der
Tod, der
tot

U, u

_____

_____

_____

und
unser

V, v

_____

_____

_____

ver- (= Wortbaustein)
vergessen
verlieren
viel(e)
vielleicht
vor
vor- (= Wortbaustein)
vorbei
vorbei- (= Wortbaustein)

W, w

wahr (= richtig)
war(en) (Personalform von „sein")
– wären
Wasser, das
Weg, der
Weihnachten, das
Weile, die
weit(er)
wenn
werden
– wird
wider (= entgegen)
widersprechen
wieder (= noch einmal)
wir
wissen
– weiß
– wusste(n)
– gewusst
– wüsste(n)
Wissen, das
wollen

– will(st)
– wollte(n)

X, x

Xylophon, das

Y, y

Yacht, die
Yak, der

Z, z

Zeit, die
zer- (Wortbaustein)
ziemlich
zu Ende
zuerst
zu Hause
zuletzt
zurück
zurück- (Worbaustein)
zusammen

Verzeichnis gebräuchlicher Fremdwörter

Bedenke, dass diese Liste kein vollständiges Fremdwörterverzeichnis darstellt.
Tipp: Trage für dich schwierige Fremdwörter, die nicht dabei sein sollten, ein.

A, a

Abonnement, das
Action, die
Adresse, die
Advent, der
aggressiv
akkumulieren
Akte, die
aktiv
aktuell
Akustik, die
Alarm, der
Alkohol, der
Alphabet, das
alternativ
Annonce, die
anomal
anonym
Anorak, der
Apparat, der
äquivalent
Artikel, der
Assimilation, die
Atlas, der
– Atlasse, oder: Atlanten
Atmosphäre, die
Attraktivität, die
Automat, der
Autorität, die
Avantgarde, die

B, b

Baby, das
Bassin, das
Bibliothek, die
Body, der

C, c

Camping, das
Chaos, das
Charakter, der
Chip, der
Chor, der
Christ, der
Clip, der
Clique, die
Computer, der
Container, der
cool
Crew, die

D, d

dekorieren
Demokratie, die
Design, das
Detail, das
Dialekt, der
Diskothek, die
diskutieren
Distanz, die
Doktor, der
Dokument, das

E, e

easy
effektiv
elektrisch
Enzyklopädie, die
Exemplar, das
Existenz, die
Experiment, das

F, f

fair
finanziell
Fotografie, die
   (auch: Photographie)
Freak, der
funktionieren

G, g

Garage, die
Garantie, die
Genie, das
Globus, der
– Globusse, oder: Globen
Gymnasium, das

H, h

Hardware, die
hygienisch
Hypothese, die

I, i

Idee, die
Illusion, die
individuell
Industrie, die
Information, die
Ingenieur, der
Innovation, die
Institut, das
interessant
international
Internet, das
Interview, das

J, j

Jeans, die
Journalist, der

K, k

_____

_____

Kabinett, das
Kandidat, der
Karikatur, die
Katastrophe, die
Komitee, das
kommerziell
Kommission, die
Kommunikation, die
Kompetenz, die
Konflikt, der
Konkurrenz, die
konstruieren
Kontinent, der
korrigieren
kreativ
Kredit, der
Kritik, die
Kultur, die

L, l

_____

_____

Label, das
Lexikon, das
Literatur, die

M, m

_____

_____

Magnet, der
Margarine, die
Maschine, die
Material, das
Materie, die
Medaille, die
Medizin, die
Methode, die
Milieu, das
Militär, das
Minute, die
Moment, der
Montage, die
Monteur, der
Motiv, das

N, n

_____

_____

_____

Nation, die
nervös
Niveau, das

O, o

_____

_____

_____

Olympiade, die
olympisch
operieren
Opposition, die
Orchester, das
Organ, das
Outfit, das

P, p

_____

_____

_____

Paragraph, der (auch: Paragraf)
parallel
passieren
passiv
Periode, die
praktisch
Praxis, die
Prinzip, das
probieren
Produkt, das
Produktion, die
proportional
Protokoll, das
provozieren
psychologisch
Publikum, das

Q, q

_____

_____

_____

Quadrat, das
Qualität, die
Quantität, die
Quartier, das
Quiz, das

R, r

_____

_____

Recycling, das
Reflexion, die
Regierung, die
regional
Regisseur, der
Reklame, die
Reparatur, die
Repertoire, das
Republik, die
respektieren
Restaurant, das
Revolution, die
Rhythmus, der
Risiko, das

S, s

_____

_____

_____

Sensation, die
Situation, die
Skizze, die
Software, die
Sound, der
Souvenir, das
sozial
Spekulation, die
spezialisieren
speziell
Spion, der
Stadion, das
Standard, der
Station, die
Statistik, die
Stenografie, die
    (auch: Stenographie)

Styling, das
Substanz, die
Surfer, der
symbolisch
Symmetrie, die
Sympathie, die
Synthese, die
System, das
Szene, die

T, t

Taxi, das
Team, das
Technik, die
Telefon, das
Temperament, das
Temperatur, die
Tendenz, die
Termin, der
Terrasse, die
Theater, das
Thema, das
Theorie, die
Thermometer, das
Toilette, die
Tour, die
Tourist, der
Tournee, die
Tradition, die
Training, das
Trend, der
T-Shirt, das
typisch

U, u

ultimativ
User, der

V, v

variabel
Vegetation, die

W, w

Weekend, das

X, x

Y, y

Z, z

zensieren
Zirkel, der
Zylinder, der